# 涌现 CHEERS

与最聪明的人共同进化

HERE COMES EVERYBODY

CHEERS
湛庐

# 真团队

# Collaborative
# Intelligence

[美] 理查德·哈克曼 J. Richard Hackman 著

关苏哲 高北 译

浙江教育出版社·杭州

 ## 你知道如何让团队更好地发挥效用?

扫码加入书架
领取阅读激励

- 如果团队内部出现了焦虑情绪，作为领导的你需要立即采取行动，将隐患扼杀在摇篮中吗？（ ）
  A. 需要
  B. 不需要

- 相较于将注意力集中在团队内部指导，领导者更应该将绝大部分时间用在管理外部关系上吗？（ ）
  A. 是
  B. 否

扫码获取全部测试题及答案，一起学习率领团队解决难题的方法和秘诀

- 假设你是一位篮球队教练，为了促进队员之间的相互学习，你应该（ ）
  A. 强调某位队员的个人表现，给予他认可和奖励
  B. 将重点放在建立内部等级制度上
  C. 将激励重点放在外部竞争上
  D. 强化内部竞争机制

扫描左侧二维码查看本书更多测试题

# 1 突破科学管理的桎梏
## 为工作设计领域带来革新

1940年,理查德·哈克曼出生于美国伊利诺伊州的乔利埃特市,他在麦克默里学院获得了数学学士学位,并辅修心理学和物理学,随后在伊利诺伊大学获得了心理学博士学位。哈克曼攻读博士学位期间,伊利诺伊大学是团队研究领域的领先院校,这为哈克曼成为伊利诺伊大学团队流程学派的领军人物奠定了基础。毕业后,哈克曼在耶鲁大学行政科学和心理学系(后发展为耶鲁大学组织与管理学院)任教长达20年。1986年,他加入了哈佛大学心理学系和哈佛商学院,后来也成为哈佛大学肯尼迪政府学院的一员。

当哈克曼开始研究工作设计对激励的影响时,"科学管理思想"正广泛影响工作领域,该思想将工作简化为几个最

低限度的可重复步骤，忽视知识和技能的重要性，而且认为从事重复性工作的人是愚蠢和没有价值的。然而，哈克曼并未像其他学者那样将注意力集中在薪酬和其他外在奖励上，而是转向了工作本身如何具有内在吸引力的问题。他与格雷格·奥尔德汉姆（Greg Oldham）共同提出了工作特征理论，这一理论在岗位描述和员工绩效评估中得到了广泛应用。该理论认为，良好的工作设计应使员工不仅表现出色，还能通过工作实现个人发展并做出有意义的贡献。从服务业、制造业到教育、医疗保健和表演艺术行业，哈克曼的研究为众多行业的工作设计带来了革新。

## 2 利用丰富的实践智慧给予团队领导者以指导

长期以来，人们普遍认为，团队是面对具有挑战性的新任务时最具创造力和生产力的方式，并且人数越多越有效。然而，哈克曼打破了这种对团队的错误观念和其他谬论，他将团队研究领域从停滞状态中拯救了出来，使团队研究领域重新焕发活力。

哈克曼对各种不同类型的团队进行了研究：他分析了医疗团队在成功挽救生命和没能挽救生命两种情况下的表现，记录了飞机驾驶舱内机组人员之间沟通时的矛盾，聆听了奥菲斯室内乐团在没有指挥的情况下完成的精彩演奏；他还深入研究了情报团队这一特殊群体所存在的问题。此外，他还是哈佛大学女子篮球队最喜爱的学术教练，几代球员都邀请他成为团队的一员。这些独特的经历给予他巨大的帮助，使他能够创造性地提出评估团队有效性的方法和提升团队有效性的条件，这些方法在全球范围内的不同领域、不同级别的1 000多个团队中被验证有效。

在他的整个职业生涯中，哈克曼常常奔走于实验室与现场之间。一方面，他从事关于团队问题的实验室研究；另一方面，他深入那些充满挑战的组织环境中，进行大量实地研究，探索身处其中的团队如何工作。他一生加入了许多表演音乐团体和合奏团，并担任过各种工作小组的领导者。例如，他曾是哈佛大学机构审查委员会主席，并在哈佛大学文理学院信息技术常设委员会任职。他还曾在美国创新领导力中心、美国国家情报局和麦克默里学院等组织的董事会任职。这些经历为他的研究提供了坚实的助力。

## 3 团队研究领域不可动摇的权威

哈克曼观察、评价、分析团队长达 50 年，他在这一领域所构建的概念和取得的实证研究成果影响深远，在团队研究领域具有不可动摇的权威地位。

在耶鲁大学和哈佛大学任教和任职期间，哈克曼指导了 38 篇博士论文。凭借在团队研究领域获得的教学和学术成果，他获得了诸多荣誉，包括美国心理学会工业和组织心理学部颁发的杰出科学贡献奖、哈佛大学研究生院颁发的门德尔松优异导师奖、美国管理学会颁发的杰出教育者奖和杰出学者奖等，他早年撰写的著作《真高管》曾获得美国管理学会 2004 年杰出管理图书奖。

哈克曼教授去世后，许多组织行为学领域的研究者和团队领导者自发地纪念他。他在团队研究领域所做的基础性研究，一直是该领域过去 30 多年来所做的一切研究的支柱，他给我们留下了丰富的实践智慧。哈克曼在团队研究领域的贡献将被铭记，并继续指导未来的研究和实践。

### 各方赞誉
COLLABORATIVE INTELLIGENCE

面对前所未有的严峻挑战，个人智慧和能力早已捉襟见肘，真正的高效团队也许就是破局之道。但可惜的是，我们缺乏对高效团队力量的认知，也缺乏构建高效团队的方法。很多破碎的家庭原本可以挽救，不少失败的团队原本可以逆转，任何团队都有机会成功！团队的成功运作有规律可循。在《真高管》《真团队》中，组织进化大师理查德·哈克曼将长期理论研究和实践融会贯通，提供了如何组建、塑造、经营高效领导团队的系统方法。这是一套各级领导团队必读的经典好书！

陈 玮

北大汇丰商学院管理实践教授

CGL 集团副董事长，CGL 咨询业务 CEO

个体和团队的区别是什么？真正的高管、有效的团队是什么样？如何让团队既充满斗志与活力又不走向失控？面对管理实践中的诸多真问题，《真高管》《真团队》给出了角度独特、富有理据的答案，相信会给企业家带来诸多启示与灵感。

陈 为

正和岛总编辑

当年我空降到一个团队之初，团队中的一位成员跟我说，他喜欢独自完成工作，和同事合作总是让他的工作十分低效、耽误进度，他请求我尽量分配给他能单独完成的工作。一年之后，我们的团队是整个事业部里最紧密协作的部门，这位同事也在项目中和同事们合作愉快，工作得心应手。我想说的是，声称自己喜欢独立工作的人，都是没有体验过真正的好团队的人。希望《真高管》和《真团队》能让更多职场人相信并找到好团队和好老板，切身体验身处伟大战队和"神队友"并肩的美妙和荣耀。

程明霞<br>
《哈佛商业评论》中文版执行主编

2021年4月，当我在搭建零食有鸣团队的时候，团队成员虽然干劲十足，但是性格各异。高管团队个个手握重兵，缺乏全局观，各部门各自为政，成员间互相抱怨、指责，沟通不畅。运用哈克曼教授的团队有效性模型，关苏哲教练为零食有鸣做了一次团队诊断调研（TDS），为我们厘清了各种表现不佳的团队背后的本质问题，为我们高管团队日后的精诚协作以及事业的高速发展奠定了基础。《真高管》《真团队》正是对这一模型的系统化讲解。期待每个企业都能拥有真高管和真团队！

何劲鹏<br>
零食有鸣集团董事长

和绝大多数企业家一样，我一直困惑该如何寻找真高管、打造真团队。在企业家私董会会议中，关苏哲教练经常引用组织进化大师理查德·哈克曼博士的团队有效性模型，这次他参与翻译的哈克曼教授的著作《真高管》《真团队》，为如何寻找真高管、打造真团队这两个顶级企业难题给出了系统化的解决方案，为我们指点了迷津，重塑了我们对团队管理的新认知，可以说是醍醐灌顶！

卢永臣<br>
Tims 咖啡（中国）CEO

两年前，在未接受关教练辅导时，我们更习惯从绩效结果和工作流程质量两方面去构建团队和组织、评估它们的有效性。从结果上看，这样做并不能真正解决企业经营增长难题，因为这两项只占团队有效性的40%要素，真正有用的60%要素取决于书中描述的团队有效性模型中的条件，从输入端就着手解决团队的关键问题，比后期修修补补要有效得多，《真高管》《真团队》为我提供了充足的方法论。

吴大星

诸老大董事长

什么是真正的团队？如何让专业情报人员、明星分析师、明星销售、明星科学家等极具个性与才华的人在团队中实现高效协作？这是越来越多的知识型员工团队所面临的重大挑战。在《真团队》中，哈克曼教授基于大量实践研究发现，团队有效性的高低，60%取决于6个条件的准备程度，30%取决于团队启动的质量，剩下10%取决于领导者的实时指导。他梳理了5种不同类型的团队，以及团队运行的3个关键过程，这些研究成果和方法论对团队领导者极具参考价值。

徐　中

智学明德国际领导力中心创始人

《领导梯队》《成为领导者》等书译者

拥有一个能征善战、一呼百应的团队，是很多领导者的期望。但很多时候，团队往往成为领导者心中的痛。市面上有很多团队课程和书籍，但真正能经得起考验的方法论却不多。哈克曼提出的团队有效性模型值得学习！没有好团队，也没有坏团队，只有是不是走在正确路上的团队。希望每一个团队都能在正确方法论的引导下，走在正确的路上。

张建财

深圳市博商管理科学研究院股份有限公司产品中心负责人

沙滩体系多年前深耕东南亚市场，帮助极兔速递和 OPPO 手机的业务近年来在东南亚取得高速成长。一家公司发展得好不好，很大程度上是由这家公司的文化决定的，而衡量企业文化的有效性，就是看员工行为。不同于其他团队管理大师，哈克曼教授提出的团队有效性模型让每个企业的领导者可以更加体系化地从源头做好团队设计。他让我们坚信，一个有明确文化价值观和行为准则的团队，远比只有精英组成的团队更能提升企业绩效。

张 彭

沙滩体系合伙人

新加坡沙滩博商管理有限公司 CEO

本书译者关苏哲老师对经营管理和团队塑造有非常丰富的经验，因而能够真正深入理解并表达哈克曼教授的思想精髓。《真高管》《真团队》展现了关于团队塑造的新视角和深刻洞察，全面阐释了提升团队有效性的条件，为希望打造高效团队的领导者呈现了新视角、提供了实用策略，并勾勒了一幅建设高效团队的蓝图，非常值得推荐！

曾任伟

博商管理科学研究院院长

**译者序**
COLLABORATIVE
INTELLIGENCE

# 成为真高管，打造真团队

关苏哲<br>
新关点创始人<br>
私董会总裁教练<br>
标杆企业高管团队教练<br>
拥有 6 个条件团队诊断 TDS 实践认证资格

有幸和庄理昂、高北分别合作翻译组织进化大师理查德·哈克曼博士的两本著作《真高管》和《真团队》。哈克曼的作品广泛适用于商业、学术和国家安全领域，使其在团队管理领域独树一帜。这两本书正是以深入的研究基础和实证方法有别于其他团队管理类书籍，在团队动态和有效领导方面提供了全面而深刻的见解。

## 塑造团队，从团队设计开始

我们之所以要翻译这两本著作，主要原因是平日里在与企业家和高管团队沟通的过程中，我们发现不少人对团队管理存在认知盲区，他们没有

真团队  COLLABORATIVE INTELLIGENCE

从源头出发去体系化地打造团队，而是更多地纠结于团队是否努力、成员所拥有的技能是否合适、方法能否落地等，或者仅从过程层面关注团队建设。而哈克曼的这两本著作告诉我们，一个团队是否努力，是否拥有相匹配的技能，所运用的方法是否合理，取决于企业的高层领导者是否有足够的认知——要先去做团队设计。

正是因为对团队的总体设计缺乏认知，所以在团队塑造方面，我见过国内的一些高层领导者会存在以下常见的错误观点和做法：

- 遇到业绩不佳的情况，领导者首先感觉是人员不匹配，并且认为出现这种情况是由于员工缺乏内驱力或能力不足。
- 还没有建立起真正的团队，因为领导者对团队成员的角色界定和期望都还很含糊，仅希望通过使命、愿景培训就能塑造出一个强大的团队。
- 团队成员对绩效目标还未达成共识，领导者就盲目引入了KPI考核或股权设计，导致考核机制和绩效激励制度无法落地。
- 领导者并未明确团队共同目标，导致团队成员只知道财务目标，但对团队真正的共同目标缺乏共识，对目标如何落地更是含糊不清。
- 选拔的团队成员都是一类人，没有差异化，无法取长补短。每个成员单独看或许还不错，但是协作起来，就会发现团队缺乏某些重要的能力。
- 领导者一直在寻找人才。但事实上，当团队只由精英组成而缺乏团队行为规范时，团队绩效反而是最糟糕的。优秀的企业家更关心团队而非个别人才。二流人才有可能组成一流团队，而一流人才却可能组成二流团队。
- 领导者认为团队成员多多益善。有些企业不断增加人员数量，分工越来越细，但结果是组织越来越官僚化。

- 领导者盲目推出各种团队建设主题的培训和请专家做咨询，但如果企业目标错误，没有合适的员工，绩效考核没有跟上，团队还缺乏行为规范标准，即使立即组织培训，也无济于事。
- 领导者迷信知名大企业的团队管理成功故事个案，但没有深度思考如何找到适合自己团队的塑造方法。
- 个别领导者过于强调个性或迷信性格测试，容易受血型、星座、演讲魅力等因素的干扰。

理查德·哈克曼是哈佛大学社会和组织心理学教授，在工商管理学科全球前 2% 顶尖学者排名榜上，哈克曼排名第 149 名，国内管理者熟知的彼得·德鲁克排名第 431 名[①]，由此可以了解他在世界范围内的影响力。凭借在团队研究领域的杰出工作成果，哈克曼获得了诸多荣誉，包括美国心理学会工业和组织心理学部颁发的杰出科学贡献奖、哈佛大学研究生院颁发的门德尔松优异导师奖、美国管理学会颁发的杰出教育者奖和杰出学者奖等，他早年撰写的著作《真高管》曾获得美国管理学会 2004 年杰出管理图书奖，而《真团队》被认为是探索将团队打造成智慧型组织的方法和团队激励方面的最佳作品之一，填补了个人决策与管理大型组织之间文献的重要空白。我们很难再找到能对包括多样性人才的团队所做的决策进行如此严谨、细致分析的著作了。

哈克曼观察、评价、审视、分析团队长达 50 年，他在团队塑造领域构建的概念和实证研究成果影响深远，具有不可动摇的权威地位。与其他团队管理专家相比，哈克曼的工作在理论深度、研究广度和实际应用性方面都具有显著特点，他的研究方法和结论不仅为理解团队动态提供了新的视角，也为团队建设和管理实践提供了宝贵的指导。哈克曼的研究成果被

---

① 数据来源：斯坦福大学全球顶尖学者排名数据库。——编者注

视为团队研究方面的基础,许多团队塑造领域的后续研究都是在他的工作基础上展开的。

## 6个条件,理清塑造团队的脉络

哈克曼的突出研究成果之一,是为世界贡献了团队有效性的Input-Process-Output模型(如图0-1所示),这个模型为如何塑造高效团队提供了科学的理论方向。因为这个模型的首字母简称是IPO,所以,有时候我和一些企业家开玩笑说,如果你用了这个模型,以后就可以上市(IPO)了。

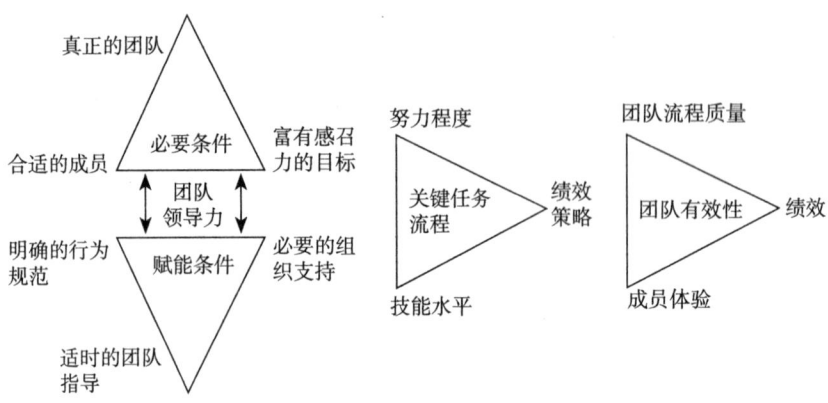

**图 0-1 团队有效性模型**

在分享这个模型前,先要解决一个关键问题,即什么是真正的团队?哈克曼和罗杰·施瓦茨(Roger Schwarz)为我们明确了真正的团队的定义:

团队是由一群人组成的,他们拥有明确的角色且互相依赖,为产生某些结果(产品、服务或决定)而共同担责,并且这些结果可以被评估。团

**队需要管理他们与团队之外的关系,必须知道工作团队需要处理、维护与哪些部门之间的关系**。如果你的企业的团队出现问题,就可以按照这个定义去评估团队现状。

现在我来系统介绍下哈克曼的团队有效性模型。首先,模型的输出端(Output)指出,判断一个团队的有效性的标准是绩效、团队流程质量和成员体验。绩效不是指完成业绩,而是站在客户角度看团队在提供产品服务时的质量、数量和速度;流程是指团队在完成工作的过程中,团队领导者让团队成员完成工作的能力;员工体验是指团队的经历对个体成员的学习和职业发展是不是有积极贡献。

其次,模型的过程(Process)指的是团队领导者需要把握好过程监控,这需要监控3个方面,包括团队成员完成目标任务的努力程度、技能水平和绩效策略,从而为最终输出端的绩效打下坚实基础。

最后,模型的起点是输入端(Input),哈克曼教授为全世界研究团队有效性的研究者奉献了其毕生的研究成果:提升团队有效性的6个条件。对任何类型的团队而言,这6个条件都可以增加团队在有效性标准上表现良好的机会。这6个条件分别是:**1.真正的团队;2.富有感召力的团队目标;3.合适的成员;4.明确的行为规范;5.必要的组织支持;6.适时的团队指导**。

在这6个条件中,前3个条件是必要条件,只要缺少1个,团队就不可能成功。后3个条件是赋能条件,赋能条件的作用是为高管团队提供支持,帮助他们发挥效能。企业应首先梳理必要条件,然后才能完成赋能条件。

感谢哈克曼教授为我们理清了塑造团队的"轻重缓急脉络",对团队中存在的问题先做了问题界定,让我们可以避免仅凭感觉随意地对如何塑造团队这一问题提出自己的想法。举例来说,哈克曼指出,如果在团队成员的角色边界尚且模糊、团队尚未对目标达成共识时,直接先做赋能条件中的绩效考核,就违背了团队塑造的先后次序,那么即使你请再好的咨询专家帮助你制订绩效考核方案,最终该方案都将无法落地。

综上所述,与其他管理书籍或课程相比,我认为哈克曼的著作在以下5个方面独树一帜。

## 特征1,体系化

团队塑造是个复杂的话题,因为团队本身就是一个复杂的系统。目前不少企业家抱有一种不好的心态,就是奢望用一个超级解决方案,就把公司所有的团队问题都解决了。但事实上,仅靠"一招鲜",如仅仅靠树立使命和价值观,仅仅重塑组织结构和 KPI 考核系统,或者仅仅制定人才选育、留用制度,抑或是仅仅靠请个老师来上课,这些做法是远远不够的。

目前,国内市场上很多团队塑造方面的方法,仅仅是陷入单点思维的产物,或只是提供一些零散的知识点,而哈克曼的团队有效性模型则与它们不同。最大的不同之处在于,这一模型用体系化、量化的方式来设计和评估团队的现状与进步,哈克曼站在了一个更宏观的维度,将团队视作一个整体,观测团队的整个生命周期,然后考察影响团队绩效的所有因素,提出了一个影响团队绩效的框架,从而避免陷入单点思维。

### 特征2，普适性

组织发展和社会心理学先驱库尔特·勒温（Kurt Lewin）曾说："没有什么比好的理论更能指导实践了。"很多企业家喜欢听干货和故事，所以现在不少团队管理专家在培训时会分享某个大型企业的团队成功管理的故事。殊不知，故事往往是特定的，可能只在某一特定企业或特定情境下适用。因为不同的企业处于不同的行业或发展阶段，别人的成功故事非但可能帮不了你，如果你盲从，甚至还会给你带来伤害。

在哈克曼的整个职业生涯中，他一方面从事关于团队问题的实验室研究，另一方面对充满挑战性的组织环境中的真实团队进行了大量的现场研究。哈克曼的方法论适用于不同的情景和环境，在世界上不同行业，不同级别的组织、团队以及超过1 000个团队研究中被证实有效，他的研究成果被广泛采用：不仅包括《财富》500强企业、初创企业、国际和政府性组织、非营利性机构、高等教育机构等，还包括产品开发团队、客机机组、手术团队、项目团队、销售团队、运营团队、金融团队、专业服务团队等。许多团队的领导者、引导师、咨询顾问和教练在内部培训和推动发展时会采用他的研究成果。

### 特征3，实用性

现在，不少企业提供了团队塑造主题的培训和咨询，效果可谓不尽如人意。究其原因，有的团队没有根据特定组织的独特需求和文化对培训进行定制，导致培训内容和实际工作环境脱节；有的团队在培训时忽略了团队多样性，没有考虑团队成员的不同背景，所以无法有针对性地解决团队中存在的各种挑战。当然，缺乏持续的支持也是一个重要原因，因为仅仅进行一次培训往往不足以实现长期改变。

而哈克曼的研究是基于广泛的实地工作，涵盖了各种类型的团队，这种实证方法为其理论提供了坚实的基础。同时，哈克曼深入探索了团队动态和有效领导的多个方面，包括团队设计、成员多样性等，并为这些方面提供了切实可行的策略和框架。他的提升团队有效性的 6 个条件对企业搭建和管理团队具有直接的实用价值，他的团队设计研究成果，可以提升 80% 的团队的绩效。研究表明，在提高团队自我管理水平方面，做好团队设计比辅导员工要有效 4 倍；而在团队绩效方面，做好团队设计要比辅导员工产生的影响大 40 倍。

## 特征 4，抓本质

这些年来，我去过很多不同类型的企业做调研，说到如何塑造团队，很多领导者吐苦水，他们的痛点主要包括：

团队成员缺乏内驱力、能力不行、协作性差、对工作推诿不担责。各部门各自为政、存在"部门墙"，部门之间沟通不畅、相互缺乏信任和团队精神。还有的老员工排挤新人，有些企业内部存在背后说闲话、搞小帮派、相互勾心斗角等现象。但可惜，这些都不是本质问题，而是表面现象，当我问他们这些现象背后的本质原因是什么时，很多人很茫然，所以平日里不少企业领导者在团队塑造方面的做法是头痛医头、脚痛医脚，不断推倒重来，这是不对的。

哈克曼在《真团队》中提出了团队塑造的"60-30-10"法则，就是说判断团队是否有效、最终表现好坏时，60% 取决于领导者在团队创建前期所做的团队设计准备工作的质量，30% 取决于团队如何启动，最后只有 10% 取决于领导者在团队执行任务的过程中对团队直接进行的指导工作。

要想提升团队有效性，就要从根源上发现本质问题，这个根源就是团队设计。任何成员在协同工作中遇到的问题都直接源于拙劣的团队设计。例如，团队为什么缺乏内驱力，有以下原因，包括：领导者没有用6个条件去设计团队；团队成员角色不清；团队目标过高或过低；虽然完成了公司目标，但团队成员个人却没有好处；领导者在招募人才时缺乏人才画像，只重视专业技能而忽视候选人本身没有内驱力的问题；公司空有价值观但没有行为准则考核，导致有些员工违反做事底线，但公司并不处理此类问题；公司没有科学的工作任务设计，导致员工的工作本身很枯燥；公司缺乏培训体系、奖惩机制不合理、员工有困惑时无人倾诉等。这些原因都会直接导致员工缺乏内驱力，而哈克曼提出的提升团队有效性的6个条件，是在团队设计阶段针对这些问题的解决方法。这也说明，一个优秀的领导者，应该能深入思考，透过表面现象抓本质。

### 特征5，针对性

如前所述，在哈克曼的整个职业生涯中，他一方面从事关于团队问题的实验室研究，另一方面对充满挑战性的组织环境中的真实团队进行了大量现场研究，并综合考虑了团队结构、设计和动态的多个方面，提出了挑战传统团队管理观念的新理论和实用的应用策略。这些举措让他的方法论更具针对性。

先问诊，再开处方，哈格曼教授和团队伙伴鲁思·韦格曼（Ruth Wageman）等哈佛顶尖学者，为了给客户提供更有针对性的落地服务，基于数十年研究，研发出了"6个条件团队诊断TDS"测评工具。这是目前为止最有效的预测团队绩效的测评工具，测评后团队领导者将收到一份27页的综合量化评估报告，包含团队当前优势和需要改进的领域，以便领导者提高团队绩效。这个测评工具可以预测80%的团队的有效性，随着逐步完善团队的每个条件，一个高效团队就可以逐渐建立起来。

前些年我花了些时间向韦格曼教授学习团队有效性的诊断方法，并获得了6个条件团队诊断TDS实践认证资格。过去对企业服务是缘木求鱼，老板需要什么，我就提供什么服务，现在我是先对高管团队进行TDS测评，然后按照实际测评结果，和企业领导者及培训负责人沟通，根据每个企业的实际特点，按照轻重缓急次序，对症下药。

## 创设条件，引领团队步入正轨

介绍完《真高管》和《真团队》这两本书的特点后，我想谈谈它们的共性和区别。

这两本书都是关于团队合作和组织行为的权威著作，皆侧重于研究如何增强团队合作和提升团队效率，强调团队合作在组织成功过程中的关键作用。哈克曼在两本书中都提供了实用的策略和框架，以帮助读者理解打造真团队的秘诀。

这两本书之间的主要区别在于它们研究的范围、重点和背景有所不同。《真高管》研究的范围更广，讨论跨不同组织环境的高效团队领导和管理的一般原则，更多关注团队领导者和管理者所扮演的角色。相比之下，《真团队》更加具体，侧重于研究团队成员之间如何协作，深入探讨了如何利用团队协作来解决复杂且具有挑战性的问题，也更侧重于探索如何创建支持团队成功的环境，特别是在那些复杂的组织环境下如何打造高效团队。

具体而言，在《真高管》一书中，哈克曼借鉴了 20 年来涉及组织、团队的研究、教学和咨询经验。这本书侧重于团队领导和管理领域，哈克曼探讨了领导者如何有效建立和领导团队以达到最佳表现，内容包括团队建立的各个阶段，如何选择和培养团队成员，以及如何通过结构和支持来促使团队成功。《真高管》更注重于探讨团队领导者的角色和责任，以及他们如何影响团队的表现和成效。在《真高管》中，哈克曼挑战了关于团队效率的传统观念，他强调，团队领导者应该专注于建立提升团队有效性的前提条件，而非仅仅抱有"团队和谐就有助于绩效提升"或"团队需要不断引进新成员以保持新鲜感"等普遍观点。他还强调，领导者需要深入了解团队动态，具备为提升有效性创造适当条件的技能和相应的情感成熟度及政治敏锐性。

而在《真团队》中，哈克曼利用自己作为情报组织顾问的经验，提出创建支持团队成功的环境所需的策略。哈克曼在本书中深入探讨了协作的概念，以及如何利用团队来解决复杂且具有挑战性的问题。在内容上，哈克曼定义了 6 个帮助和支持团队有效实现其任务和目标的有利条件，强调团队成员需要多样性，一个好的团队成员需要具备不同的观点和技能。在方法上，《真团队》并未局限于单一领导者的角色，而是更多地关注团队成员之间的互动和合作，以及这种合作如何促进创新和问题的解决。《真团队》为不同专业领域的团队如何组建和管理提供了更细致的见解，强调了团队领导者在持续评估团队有效性方面的关键作用。

综上所述，我认为，想要塑造高效团队，领导者应该花更多时间在团队设计上，而非管理过程细节。

此外，我还注意到，目前市场上仍有不少领导力课程或书籍强调先找到人才，但找到人才后，人才未必能发挥作用。比找人才更重要的是，领导者应该花更多时间去打造一流团队。哈克曼的"60-30-10"法则告诉我们，团队领导者应该从一开始就帮助团队步入良好的轨道，而非出轨后纠偏。

**团队领导者的最大贡献之一应是像园丁，人才是苗，苗要成长，园丁必须施肥、灌溉和引入阳光**。优秀的领导者不会亲力亲为关注每个细节，而是会营造好土壤环境，创造条件来培养团队，让团队自然成长！相比这一点，领导者的个人领导风格、性格特点对团队结果的影响并非普适性的决定性因素。

因此，对于那些创建或者领导团队的人来说，他们的核心工作不是劝导团队成员一起好好工作，也不是亲自、实时地管理团队层面的协同工作，当然也不是通过一系列所谓的"团队建设"活动，在团队中培养和谐的气氛。相反，团队领导者的工作是创设提升团队有效性的6个条件，较好地启动团队工作，为团队提供良好的工作环境，然后再帮助团队成员充分利用好工作环境。

另外，我还想在团队塑造方面纠偏两个市面上比较流行的说法：

第一个说法是，我经常听到有些专家说，一个好的团队是"胜则举杯相庆，败则拼死相救"，或者说团队成员需要志同道合、心心相印。但其实这是一种理想化的说辞，在现实环境中，领导者难以保证可以打造出这样的团队，而明智的做法就是创造条件让团队成长。

第二个说法是，不少专家提出，领导者要成为具有完美形象的"超级英雄",类似乔布斯、马斯克、任正非这样英雄式的 CEO。但事实上,绝大部分的国内 CEO 是无法学习他们的管理魅力的。与其临渊羡鱼,不如扎实地做好团队设计,体系化地了解一个高效团队是如何一步步塑造出来的。再者,无论一位 CEO 多有天赋,如今复杂的环境和组织对他的要求已经远远超过一个人的能力所能达到的水平,英雄般单打独斗的时代已经过去,这就是为什么越来越多的 CEO 需要依赖他们的高管团队,帮助团队和组织应对所面临的领导力挑战和重大决策。

在翻译大师的著作时,我深感其用词造句的严谨和深奥。如有翻译的不当之处,敬请读者指正,期待此书能为你和你的高管团队在高效团队的塑造上指点迷津,让你们少走弯路。

**前言**
COLLABORATIVE
INTELLIGENCE

## 如何设计和领导高效团队

我曾参加过一次自己不算满意的会议。会议上我和同事与政府赞助商聚在一起,回顾了被我们称为"群体大脑"的研究项目的进展。项目中,我们探究了大脑(相互依赖的神经模块系统)和群体(相互依赖的成员系统)之间一些令人兴奋的相似之处。这些发现非常有趣,但到目前为止,我们还未找到一种方法,将该研究发现应用于解决我们的赞助商最感兴趣的问题——如何更好地设计和领导美国情报机构内部多样化的团队。

会议结束后,认知神经科学家、"群体大脑"研究项目的联合首席研究员斯蒂芬·科斯林(Stephen Kosslyn)提出了一个想法:"如果理查德专门为情报团队写一本介绍如何运用我们的研究成果的书,会怎么样?"他进一步指出,这本书可以在一年内轻松完成,随后便可以在整个情报领域推广了。这或许正是我们所需要的——在学术研究和社会实践之间架起一座桥梁。我们的赞助商认为这个想法非常棒,并对这本书满怀期待。

不过,那都是多年前的事了。实际上,写作本书比我们任何人想象得都更加复杂，也更加有趣。因为讨论的团队范围及本书预期的读者群体都在不断拓宽。例如，本书探讨的团队不再仅是情报团队，还包括其他类型的团队，比如运动团队、医疗团队、飞机驾驶舱机组人员，甚至包括乐团，它们的工作性质与情报团队类似，都需要灵活应对，不能循规蹈矩。因此，最初为情报界量身定制的指导手册最终演变成本书。**本书吸取了情报领域的经验和教训，主要面向那些需要创建、领导或服务一个团队，要在具有挑战性的环境中处理棘手问题的人。**

无论你是经验丰富的团队领导者，还是刚刚开始管理团队的新手，本书都值得一读。虽然这不是一本教科书，但培训讲师们也可以从中找到一些可能对其课程有用的内容。本书同样能为那些在政府部门、私营机构或非营利组织中工作的读者带来启发，在他们做出决策、领导生产或服务团队时提供一些帮助。最后，我希望对于那些对情报及国家安全领域的"幕后"合作感兴趣的大众读者来说，本书也是有趣的。

本书可以看作是我早前出版的《真高管》的续篇。在那之后，研究人员进行了大量的团队研究，书中将会引用一些相关研究成果。例如，研究显示，一个团队所处的运营环境对团队行为和绩效表现有着重大的影响。情报机构无疑为团队合作提供了一个独特的（往往也是具有挑战性的）组织环境，本书特别关注了团队在此类组织环境下蓬勃发展所需要的条件。

在创作本书的过程中，我们力求通俗易懂，所以书中没有晦涩难懂的理论问题，目的就是让无论是有团队工作经验和专业知识的特殊群体，还是非专业的普通读者，都能有所收获。尽管创作本书的主要目的是能够为团队领导者和成员提供有用的指导，但书中并没有"一分钟速成"之类的灵丹妙药，因为创建、领导和服务团队并非易事。

在本书中，除了那些被公开记录或者可以从公开的信息来源中获取的人名外，并未提及其他相关人员的具体姓名，也未提及任何具体团队或具体组织机构的名称。之所以如此处理，是因为一旦我提供了更多的细节，一些圈内人士就可能会猜出我所描述的具体的人或事。考虑到本书的读者中不乏那些以收集、分析信息为生的人，研究的保密性就显得尤为重要。我的一位已故同事布伦丹·马赫（Brendan Maher）有个观点："有些事情虽然并非事实，但对故事描述却必不可少。"对此，恕我难以苟同。

我认为，有必要隐去一些个人信息、具体背景和事件始末。我努力只改写那些不影响理解书籍内容的细节，但是关于这部分内容的界定，都是基于我的主观判断，也有可能我在无意间修改了某些实际上很重要的部分。不过，读者朋友们可以放心，我会尽力保持客观。

**目 录**
COLLABORATIVE
INTELLIGENCE

译者序　成为真高管，打造真团队

前　言　如何设计和领导高效团队

引　言　如何带领团队面对挑战，释放潜能　　　　　　　　001

## 第一部分
## 正确地认识团队

**第 1 章　什么是有效团队，什么是无效团队　　　　　　　013**
　　　　为什么有的团队有效，有的团队无效　　　　019
　　　　如何让团队变得有效　　　　026

**第 2 章　何时需要团队，何时不需要团队　　　　　　　029**
　　　　7 种不同协作形式的群体和团队　　　　032
　　　　不是所有工作都需要团队完成　　　　035
　　　　不同的问题，需要不同的团队　　　　040
　　　　组建团队前必须回答的两个问题　　　　045

## 第 3 章　如何评估团队有效性　　047

　　准确评估团队有效性的 3 项标准　　050
　　做好团队表现预测的 3 个关键团队过程　　053
　　避免过程损失，创造协同效应　　054
　　准备充足，带领团队步入正轨　　061
　　提升团队有效性的 6 个条件　　063

# 第二部分
# 如何激发团队攻克难题

## 第 4 章　创建真正的团队，为攻克难题做好准备　　071

　　区分共事群体与真正的团队的两种特质　　074
　　真正的团队必备的 3 大特征　　077
　　把握真正的团队重要意义的两大维度　　084
　　克服障碍，跨越创建真正的团队的两大挑战　　086

## 第 5 章　设定富有感召力的团队目标，为解决难题指明方向　　089

　　富有感召力的目标必备的 3 个特性　　092
　　找准焦点，确保目标方向正确　　096
　　导致团队偏离目标的两个原因　　098
　　步步紧扣，让目标与实际工作紧密相连　　100
　　精诚团结，最大化发挥团队目标的力量　　105

## 第 6 章　挑选合适的成员，使团队能力更全面　　109

　　选择成员时需要考察的 3 个特质　　112
　　组建团队必须关注的两个要素　　120
　　兼顾差异，力争组建理想团队　　125

## 第 7 章　建立明确的行为规范，促进团队高效协作　127
双管齐下，激发团队达到最优表现　130
显著提高团队绩效的两种规范　133
第一种团队规范：充分利用成员的专长　135
第二种团队规范：制定合适的任务策略　140

## 第 8 章　给予必要的组织支持，激发团队执行力　145
信息支持，为任务绩效策略的制定奠定基础　151
技术和教育资源支持，提升团队合作技能　154
物质资源支持，在过多和过少间找到平衡　158
绩效奖励支持，及时给予团队认可　159
领导者支持，尽其所能改善组织环境　161

## 第 9 章　提供适时的团队指导，最大限度减少过程损失　163
指导对象，提升团队整体而非个体　169
关注点，以任务为导向　170
时机，干预宜迟不宜早　173
团队生命周期，在不同阶段对症下药　175
时刻关注，在飓风来袭时要适时干预　179
指导团队行动的 5 大方针　181

# 第三部分
# 如何领导高效团队解决难题

## 第 10 章　把握领导高效团队解决难题的关键　189
内外兼顾，使团队更有效　193

"60-30-10"法则，稳健把控绩效表现　　195
掌握功能性的领导方法　　203
协作互助，发挥同侪教练的力量　　205

## 第11章 为高效团队解决难题扫清障碍　　209
事先预防，最好的防守就是进攻　　212
重建信任，善于利用专家所长　　213
开足马力，利用外部竞争激发动力　　217
集中力量，避免落入群体竞争　　219
自主行动，在别人的伞下很难跳好舞　　221
打破束缚，发挥信息本身的价值　　222
持续发展，避免人员流动的负面影响　　224
相时而动，低效团队比没有团队更糟糕　　227

致　谢　　231

# COLLABORATIVE INTELLIGENCE

引 言

如何带领团队面对挑战，释放潜能

引言　如何带领团队面对挑战，释放潜能

人们通常认为，情报人员往往独自作战。正如此刻，一名分析师正独自坐在兰利（Langley）①的一个小隔间内，在一台加密的计算机上调取着影像和报告。不时地，他还会在隔间的书架上查阅历史资料，他想弄清楚，近期不甚明朗且令人担忧的事态背后，是否暗藏着一些蛛丝马迹。与此同时，一位卧底官员正在海外进行着看似平常的社交活动，他希望打听到一些有用的信息。他手下的一名卧底学员尚不清楚，如何才能成为一名出色的情报人员。眼下，他对情报职业需要什么技能还没有把握，担心自己随时被淘汰，他正竭力学习这一行所需的知识和技能。

在间谍小说和电影中，我们时常会看到类似情节。其实，在现实中，某些特殊情况下也是如此。尽管情报界确实有许多英雄人物，但实际上，大多数的情报工作还是需要与他人进行广泛深入的合作。与情报界的同事合作自不必多言，除此之外，还需要与外界人士合作，比如政府部门的工作人员、学术机构的研究人员、私人组织雇员等。

在工作中，我们时时刻刻需要团队分析师激活内外部联络网，以便了解那些令人担忧的事态发展可能预示着什么。卧底官员需要与团队合作，

---

① 华盛顿市的卫星城市，美国中央情报局（CIA）总部所在地。——编者注

003

才能开发和扩展信息来源。和真实的情报工作相比，在训练中，与他人合作也变得更加重要。以往，培训教练更习惯单向教授。现在，他们将团队练习加入教学环节，这样，学员就可以在练习过程中，从队友身上学到和从教练那里同样多的知识。因此，我们了解了情报界的融合团队（fusion teams），它包括培训团队（training teams）、网络合作团队（networked collaborations）、管理团队（management teams）、科研团队（scientific teams）与其他团队。此外，随着电子技术的强大和普及，远程协作正逐渐成为一种趋势。如此一来，团队将无处不在，并发挥重要的作用。

团队在解决具有挑战性的问题时拥有巨大的潜力。与个体相比，团队显然拥有更多的知识、经验和技能，可以更好地应对工作挑战。比如，它们可以灵活分工；可以为成员提供不间断的学习机会；可以将不同成员的力量整合进一个创造性产品生产中。然而，正如大量研究所指出的那样，团队也可能出现严重问题，比如，工作任务毫无进展，甚至无法完成；或者出现"群体思维"综合征，最终导致重大失败。**团队就像一个扩音器：不论输入的是莫扎特的音乐，还是刺耳的静电干扰，都会被放大，变得更响亮。**

## 放大镜和绊脚石

情报机构有很多特点，其中有些会有益于团队合作，有些则会妨碍团队合作。作为一个群体，情报机构的工作人员都天赋异禀。例如，某个情报机构一年内收到了数十万份在线求职申请，但它只录取了其中最优秀的候选人。令人钦佩的不只是情报分析人员、运营人员和技术人员身上的天赋，还有他们内心深处想要服务好大众的使命感。我作为一名研究人员，与这些机构打交道十多年，毫不夸张地说，我对遇见的大多数情报专业人士所展现出的奉献精神都充满敬畏。我曾多次与他们交谈，这些优秀的人原本可以在私人企业赚更多钱，可以有更多时间实现自我追求，他们之所以坚守在自己的岗位上，是因为对自己所从事的事业有强烈的责任感。他们深知，自己所从事的工作关乎国家安全和人民福祉。事实上，2007 年，一项名为 IC 年度员工（工作）氛围的调查显示，近 90% 的来自情报领域的受访者肯定了自己工作的价值，他们对同事的满意度也很高。

因此，情报机构的领导者不必担心团队成员的能力和态度。但是，团队领导者能否合理分配任务，让团队高效、卓越地完成工作却是另一回事。实际上，几乎所有情报系统里的组织都是大型的官僚机构，在这些组织中，官僚主义的政策和做法有时甚至会让那些最有能力和激情的员工感到沮丧。更糟糕的是，情报系统不仅是一个庞大的官僚机构，它还是一群官僚机构的集合，它们有时会以一种难以理解的方式连接在一起。设想一下，当你面对的是一个情报预算超过 800 亿美元、拥有超过 85 万名获最高涉密许可的专业人员、成员分布在近 50 个政府组织和 2 000 家私营企业的庞大组织时，如何做好管理无疑是一项巨大的挑战。正因如此，我们不难理解，为何在上述员工（工作）氛围调查中只有 40% 的受访者表示，他们的领导者能够在工作中激发团队的积极性和责任感，能够及时给予认可和推动工作向前发展。与此相对的是，认为领导者对绩效差的成员采取了适当措施的受访者就更寥寥无几了。

保密性要求也给完成情报工作带来了重大挑战。尽管保密性要求对某些情报活动而言是绝对必要的，但这也催生出一系列错综复杂的保密层级。出于保密考虑，情报资料往往会被归类处理，这让一些情报人员有时几乎不可能获得其工作所需的信息。此外，在对政策制定者期望听到的事情反应过度和对他们的实际需求反应不足之间，也存在着难以平衡的问题。前者会让情报人员的工作变得政治化，后者则可能造成情报人员的工作疏漏。

再来看看情报工作的外部环境。一方面，对手那边，包括非政府机构，它们先进的科技给情报机构的分析和运营工作带来的挑战超过了以往任何时刻；另一方面，美国政治体制中的某些成员似乎总是随时拿着"情报失误"的橡皮章，动辄否定情报结果。与此同时，新的信息收集技术和方法，以及现在大量可用的公开信息，也使得流入情报机构的数据以指数级增长。试图追踪所有数据信息可能会令人应接不暇。

## 改善团队，从设计团队开始

显然，很难找到绝佳的方法来管理情报工作。尽管情报人员都很出色，情报工作也至关重要，但想要及时、出色地完成情报工作，其难度正逐年攀升。自"9·11"恐怖袭击事件发生以来，许多评论人士就如何"修复"情报工作发表了自己的看法。每发现一个新的疏忽或失误，都会引发人们更多关于哪里出了问题以及如何防止此类事件再次发生的分析和诊断。应对方法也是五花八门，比如改变情报机构的文化，简化组织结构，让情报人员接触到更好的信息技术，增加情报机构之间的信息共享，提高社交网络的可用性，加强情报人员的招募和培训，制订情报领域的领导力发展计划，等等。

本书提供了另一种方法。这种方法的前提假设是：想要改进情报工作，一个很好的出发点是让情报专业人员执行一线工作任务。这些任务包括如何设计工作、如何配备工作人员以及如何领导。美国中央情报局情报研究中心的一份病理分析报告也得出了相似的结论："情报工作的失误源于个别机构内部在运作中呈现出的'功能失调',且这种组织功能失调不太可能通过变革情报系统的整个组织或提高中央管理者的权威来进行补救。"

此外,由于情报工作越来越需要具备各种知识、经验和技能的人员协同合作,因此有必要创建一个由来自不同情报分支和情报组织的成员组成的团队。资深情报分析师、美国中央情报局情报研究中心前主任卡门·梅迪纳(Carmen Medina)曾写道:"如今,要获得政策制定者所需要的洞见,就需要拥有一个跨越传统机构边界的跨学科团队。"美国国家反恐中心(NCTC)在应对2009年圣诞节的恐怖袭击未遂事件时,就成立了一个由来自情报和执法部门的专业人员组成的"追捕团队",优先处理和追踪恐怖主义威胁,这一做法与梅迪纳的观点一致。

之所以从情报团队入手改善情报工作,最令人信服的理由或许是,这样做可以提升其绩效表现。除此以外,从根本上变革组织或个人是极其艰巨的。这是因为,固有的组织文化往往会成为组织变革的重要阻力,而试图改变一个人的思维或行为方式,却不考虑他的团队成员身份,结果往往也是徒劳的。**正是因为个人与组织之间存在联系才形成了团队,所以对于那些试图改善情报工作质量的人而言,可以从团队和个人的关系入手**。基于上述种种原因,团队似乎是改善现状的一个很好的出发点。

## 在发挥潜力的同时,避免功能失调

我们面临的挑战是,如何才能让团队发挥出巨大潜力,避免在此期间随时可能发生的团队功能失调。虽然领导者确实不能使一个团队变得卓越,但是,他们可以通过创设一些条件来提升团队的有效性。**团队的有效**

性意味着团队不仅可以完美地完成任务，作为一个更加强大的绩效单元，还能让成员在这里学得更多、发展得更好。

然而，要做到这一点，我们必须打破团队工作的传统思维。通常，我们的第一反应是寻找能提高团队有效性的"活性成分"，但是影响团队绩效的原因往往并非只有一个。相反，正如本书将要介绍的那样，团队绩效是一系列条件共同作用的产物，这些条件会帮助团队成为一个能力不断提升的绩效单元。

本书的第二部分将分章节讨论提升团队有效性的6个条件。这些条件都是在社会科学研究和理论分析的基础上提炼而来的，我们在这里将其列为团队行动的前提，即团队创建者、领导者或服务者为取得成功可以采取的具体行动。团队创建者和领导者的主要工作既非劝导其成员好好合作，也非亲自、实时地管理成员的协同工作，当然也不是带领团队进行一系列旨在培养信任与和谐的团建活动。相反，他们的主要工作是创设这6个条件，让团队更好地运转，只有这样才能帮助成员充分利用有利于绩效的环境优势。事实上，在我看来，团队有效性的高低，60%取决于这6个条件的准备程度，30%取决于团队启动的质量，剩下10%取决于领导者手把手的实时指导（这一点我会在第10章详细阐述）。

本书想要传递的积极信息是，尽管面对诸多挑战和不确定性，团队的绩效依然可以获得极大提升。此外，如果团队领导者在自己部门内找到了可以改善协作的方法，那么，团队的这些经验方法很有可能快速传播开来，进而影响到其他团队，甚至提高整个组织工作的质量、效率和灵活性。

第一部分

**正确地认识团队**

COLLABORATIVE
INTELLIGENCE

# COLLABORATIVE INTELLIGENCE

导 读

一个卓越的团队应该具备哪些特征？接下来 3 章的内容为回答这个问题奠定了基础。我们将看到，团队如何处理棘手的问题，团队成员之间有哪些不同的协作方式，以及什么样的团队是有效的。

第 1 章从两个团队的扩展案例开始，在模拟演习中，一个团队正在"策划恐怖袭击"，另一个团队则试图阻止它。最终分出胜负的原因有很多，如与防守方相比，进攻方本身拥有的内在优势；阻碍团队成员充分利用资源的团队动态；对其他团队（包括团队内部的小群体）的刻板印象。这些都会损害团队的表现。

第 2 章列举了许多不同类型的协作方式，从成员之间从未实际见过面的兴趣团体，到需要长期面对面工作的半永久性工作团队。我们将看到，团队并非总是完成一项特定任务的最佳方式，实际上，某些类型的工作任务更适合由个体独自完成。即使确实需要一个团队来完成某项工作，依然存在着创建什么类型团队的问题。本章介绍了 5 种不同类型的团队，并分别讨论了每种团队适合或不适合的环境。

第 3 章深入探讨了什么是团队有效性，以及如何评估团队有效性。尽管在团队完成工作任务之前,我们无法对其绩效做出最终判断,但可以通过实时监控团队运行的3个关键过程来评估团队工作情况。这3个关键团队过程分别为:(1)精力投入,即团队投入工作的努力程度;(2)绩效策略适配性,即团队执行的工作任务与绩效策略是否匹配;(3)人才利用率,即团队充分利用其成员知识、经验和技能的程度。当一个团队在上述3个关键团队过程中,有一项或多项出现了问题,就可能需要教练干预了。更多情况下,这意味着团队的结构和运行环境在某种程度上是存在缺陷的。本书的第二部分将着重探讨这些内容:团队工作的有利条件有哪些?它们有什么作用?如何帮助团队创建并利用好这些条件?

COLLABORATIVE
INTELLIGENCE

第 1 章

什么是有效团队，什么是无效团队

# 第 1 章　什么是有效团队，什么是无效团队

吉姆是美国国防情报局（DIA）的一名分析师，他环顾了下四周，看了看团队的其他成员，发现这个工作场景和他的日常工作没太大差异。他认识他们中的两位，其中一位是国防情报局的分析师，另外一位是曾与他共事过的联邦调查局（FBI）的特工；其余都是陌生人。据团队组织者解释，该团队的任务是要搞清楚一些可疑人员正在谋划什么，并迅速、彻底地弄清情况，从而及时阻止恐怖事件的发生。吉姆心想：小意思，我知道怎么完成此类工作。如果他们能给我们提供像样的数据，弄清这件事就不是问题。

而对珍妮来说，这次要执行的任务和她在大学当化学家有很大的不同。她被邀请加入一个团队，该团队在未来几天会扮演一个恐怖组织。起初珍妮不太明白其中真意，也不知该如何去做，但如果有一天她完成了角色转换，适应了恐怖分子的心态，就会显得相当紧张。虽然从未见过团队的其他成员，但她非常清楚，他们都是科技领域某些方面的专家。她渴望进一步了解自己所在的这个团队，想知道大家能一起创造些什么。

吉姆和珍妮正在参加一个为期 3 天的模拟演习，名为"窥镜项目"（Project Looking Glass，PLG）。PLG 模拟演习是美国中央情报局高级情

报官员弗雷德·安布罗斯（Fred Ambrose）的创意，就是让一个由情报专家和执法专家组成的蓝队，与由意图损害国家或国家利益的对手组成的红队进行较量，而白队则集合了一群情报专家和内容专家，扮演情报界的其他角色。

红队的任务是利用其成员所知道的或能找到的所有资源，就模拟演习组织者指定的打击目标，制订最具破坏性的方案。此次模拟演习的打击目标是一个中等规模的沿海城市，该城市也是一个大型海军基地的所在地。红队成员可以利用互联网等开放性资源，以及从各行业的其他人员那里获取更多知识信息，但是他们最终的想法必须完全基于团队成员自己的想象力和独创性。

为了帮助成员拥有与那些真正意图危害国家的恐怖分子相同的视角，红队花了一天时间进行文化适应。珍妮觉得这简直就像是一场关于恐怖主义的高级研讨会。红队成员听取了学者和实践者关于恐怖主义的讲座。那天结束的时候，珍妮惊讶地发现，自己已经开始像恐怖分子一样思考了，言谈举止也像极了恐怖分子，她的队友似乎也和她一样。

很快，珍妮和队友意识到，蓝队可以通过许多途径了解他们的行动：蓝队可以看到红队讨论时的一些视频剪辑片段，可以入侵他们的通信系统和网络搜索引擎，可以积极搜寻其他可能帮助自己破坏红队阴谋策划的数据。蓝队也听取了关于恐怖主义的讲座和介绍，还了解了红队成员的背景和专业领域的具体信息。吉姆认为，这些介绍非常有意思，但他最渴望的是结束这些热身活动，开始实际的模拟演习。第二天一早，模拟演习开始了。

在起始阶段，红蓝两队的做法就完全不同。红队从回顾目标开始，然

# 第 1 章　什么是有效团队，什么是无效团队

后评估其成员资源，包括专业、经验和外部关系网等，这些都是在对这座沿海城市实施毁灭性打击时可以利用的。

接下来，红队成员进入头脑风暴阶段，他们一起讨论如何利用上述资源对目标造成尽可能大的破坏，如何在实施计划的同时还能迷惑住正在密切监视他们的蓝队成员。

相比之下，蓝队成员一开始只是在房间内转悠，相互确认每个成员之前的工作单位和所担任的角色。他们根本不知道接下来该做些什么。队员们聊了一下他们为什么选择参加这个模拟演习，谈论了一些前一天讲座中提到的有趣话题，东拉西扯地说了说他们应该做些什么。整个过程中，大家既没有严重的分歧，又没有争夺领导权的迹象，但也没有明显的进展。

接着，组织者传来了红队工作的第一个视频剪辑片段，然而这个视频并没有多大意义。视频中，红队成员交换了彼此的专业和经验信息，但是对接下来实际要做什么只字未提。在确认了"红队没有什么具体进展"（至少目前没有）之后，蓝队成员放松了一些。但是，蓝队成员手头没有掌握任何实质性的数据，可以让他们运用自己的分析技术和经验来进行评估和判断，这让他们感到有些沮丧。

随着蓝队成员的挫败感越来越强，他们转而求助于支持性的情报部门——白队。为了获得分析工作所需的数据，比如他们曾在视频中看到的红队的一些活动信息，蓝队可以向白队提出信息需求（RFIs）。但这些信息需求只有一部分得到了回复，有时是即时回复，有时有些延迟，其他的则被忽略了。这让吉姆感觉自己仿佛回到了之前的工作岗位。

模拟演习的第二天一早，红队就已经取得了实质性进展，从探索替代

方案，转向制订针对这座沿海城市及其周边地区全面、具体的攻击计划。这时，蓝队成员开始担心起来。他们终于意识到，自己完全不知道红队要干什么。蓝队成员变得越来越焦虑，彼此之间也越来越不耐烦，对帮不上忙的白队就更没耐心了。于是，蓝队成员做了情报分析师在受挫时经常做的事：他们开始收集大量信息。最终，信息需求的数量多到让一位白队成员也焦虑起来，他走进蓝队的会议室告诉蓝队成员，他们表现得就像是"数据迷"，他们要放慢节奏，弄清楚自己真正需要知道哪些信息，才能掌握红队的行动。

白队成员的这一番话，蓝队成员并没听进去，相反，蓝队成员变得更加不耐烦了。随着紧张局势的进一步升级，蓝队成员的负面情绪和对刻板印象的依赖也随之增加。这里的刻板印象除了包括对红队对手的刻板印象（"那群怪人怎么可能想出什么实质性的威胁呢？"），还包括对其他队友的刻板印象。蓝队的情报专家和执法专家陷入了一种冲突模式，这种模式几乎让整个团队陷入瘫痪：当团队中一个群体的成员提出对目前情况的一种猜想时，另一方立刻就有人找理由反驳。

最终，蓝队几乎陷入绝境，团队成员只能在一件事情上达成共识，即他们认为应该由一名更有经验的领导者来接替现任领导者，因为与其他成员相比，之前指派的领导者太年轻，经验也不足。他们选定了一名情报专家和执法专家都认可的海军军官，这位新任领导者帮助团队准备了一份简报，描述了蓝队对红队攻击计划的推断。模拟演习简报的汇报工作将会在第三天进行，届时所有人将首先听取蓝队的分析，然后听取红队讲述他们实际打算做什么。

蓝队的简报表明，他们确实推测出了红队的部分计划。但是，蓝队成员太专注于其中的某些细节，以至于他们没有发现对手的策略分为两个阶段。按照红队的计划，他们先会发起一场旨在误导急救人员注意力的佯攻，然后才是一场技术驱动型的袭击，以此摧毁这座沿海城市。而蓝队完全被蒙在鼓中。

当参与者坐在一起反思他们这 3 天的经历时，都异常震惊。蓝队中一位就职于执法部门的成员在听取汇报时的感叹可能最能表达这种感觉。他说："我们在这里看到的，和我们在日常工作中追踪到的一些人的行为简直一模一样，这太可怕了。"

上述场景是近年来进行的许多 PLG 模拟演习中的典型场景。为了响应美国国会的一项指令，即创建一个可以预测技术驱动型恐怖主义威胁的模型，弗雷德·安布罗斯开发了这种独特的模拟类型。该模拟会重点侦测红队的准备活动，并确认其实际攻击计划。模拟结果呈现出规律性重复：红队不断创造惊喜，而蓝队不断被震惊。事实证明，此方法是如此强大，甚至会让那些参与了 PLG 模拟演习的人非常不安。目前，美国国防、情报、执法等众多部门正在灵活采用该方法。

那么，如何解释 PLG 模拟演习中的稳定结果？如何帮助蓝队做得更好？对于那些真正从事侦测和打击恐怖主义的人有什么指导作用？接下来我们将讨论这些问题。

## 为什么有的团队有效，有的团队无效

我们应该如何理解 PLG 模拟演习中红蓝两队表现出的巨大差异？虽然这个问题没有明确的答案，但至少有 4 种可能：

- 与防守方相比，进攻方本身就容易些；
- 红队更善于识别和利用团队成员和外部专家的专业知识；
- 先前的刻板印象削弱了蓝队认真对待观察到的内容并做出适当分析的能力；
- 红队制定并采用了更多适合任务开展的绩效策略。

## 进攻和防守

情报团队必须克服的一个难题是，他们实际上扮演的是防守方，而对手扮演的则是进攻方。PLG模拟演习的数据证实了情报专家的观察，即进攻方通常比防守方更有动力，在制定和执行有效的方案时也更简单、直接。虽然进攻的任务可能极具挑战性，但他们只需做好这一件事。此外，他们可以更容易地识别获得成功所需的能力。相反，防守方必须考虑所有合理的可能性，这既困难又让人沮丧。

相对于防守方，进攻方的优势不仅体现在情报工作中，在其他各种活动中也都有体现。在足球比赛中，球队在进攻时，只需要执行好事先准备的和练习过的战术，而防守方则必须做好一切准备。处于进攻方的军事单位知道其目标，并有实现目标的具体策略，而防守方却无法确定攻击时间、地点及具体的目标。正如物理学家斯蒂芬·温伯格（Steven Weinberg）所指出的那样，精确地开发一套有效的核导弹防御系统是不可能的，因为防守方无法预测进攻方的所有可能，并做好相应准备，比如进攻方会部署多个弹头来迷惑防守方的视线。

由于体育教练和军事战略家非常熟悉进攻和防守之间的差异，他们针对防守方的先天劣势制定了明确的应对策略。这些策略的核心特征是将防守任务转化为进攻机会。一位西点军校前教官指出，军校学员们在训练时，通常会被告知要将防守视作一次"战略暂停"，有时这是重新发起进攻行动前的必要的临时状态。一位大学橄榄球教练解释说，好的防守是迫使你的对手"用非惯用手比赛"。他认为，即使你在比赛中大比分领先，选择预防型防守也很难说是个好主意。相反，你应该总是优先选择进攻型防守。这些观念引发了一位军官的共鸣："好的防守就是部署你的力量，使对手不得不选择从他们最不愿意的那个地方进攻。"

在情报界，"如何考虑所有的可能性"与"如何重新定义任务，让对手而非自己处于防守地位"是两个完全不同的问题。尽管后者在激励和战略方面有优势，但这种重构最终需要情报机构的收集人员、分析人员和执法机构的操作人员之间有更好的合作，而非目前看到的水平。目前来看，这种密切配合在短时间内是难以形成的。但在此期间，像 PLG 这类模拟演习，至少可以帮助那些从事防范威胁工作的人更深入地了解对手是如何思考和行动的。例如，数据显示，参加 PLG 模拟演习的分析师确实形成了"用红队的方式思考"的能力，这种换位思考的能力在随后制定策略时非常有用，可以让他们将策略重点放在最可能揭示对手意图的具体数据上。

### 识别和用好专家

要想表现卓越，团队必须拥有具备完成任务所需知识和技能的成员；必须能够识别成员各自的能力以及合理地评估每个成员的贡献，避免受那些地位高或有话语权的人的影响，而忽略了那些真正知道自己在说什么的人的贡献。研究表明，这些条件看似简单，做起来却比想象中要难。人们通常是基于其在组织中的角色而非其所知所能被分配到团队中的。此外，团队往往会忽视每个成员所独有的专业技能或信息，而将重点放在成员所共有的地方。团队几乎不会自发地评估哪些成员知道什么，然后利用这些信息来决定最终依靠谁。

对于红队成员来说，识别并充分利用团队成员的专业特长尤为关键，因为正如安布罗斯在一次对话中所指出的那样："最重要的不是他们口袋里有什么，而是他们的头脑中在想什么。"在PLG模拟演习中，红队通常会在利用其成员脑中所想的方面表现得更出色。可以肯定的是，他们的团队构成非常合理：由拥有丰富的科学、技术和工程技能的成员组成，这些技能正是模拟演习所需要的。几乎所有的红队都会在早期花时间比较其成员的过往经历，这样每个人都知道谁擅长哪个技术领域，从而可以帮助团队充分利用成员的独特能力来精心策划进攻方案。由于红队既有明确的进攻目标，又熟知成员各自的能力，所以他们通常可以依靠合适的成员来解决方案执行过程中遇到的各种问题。当红队需要其成员所不具备的知识或专业能力时，他们会迅速利用线上资源或通过求助于社交网络等方式来填补这一空白。

PLG模拟演习中，蓝队的成员构成也非常合理。他们都是来自执法、情报、军事方面的专家，主要工作就是发现、研究和阻止那些可能危害国家的个人和团体。相比之下，红队成员大部分来自学术界、工业界或者国家实验室，他们并不是专业从事反恐工作的。蓝队在集合后也会相互分享各自的背景信息，但是这些信息与红队成员所交流的完全不同。通常，蓝队成员一开始会相互表明自己原来所属的组织以及在其中的角色。或许是因为蓝队被分配的任务是弄清红队的计划，这项任务既是防守性的，又比较模糊，所以蓝队成员不知道究竟哪些能力和这项任务最相关。因此，他们较少关注成员各自的所知所能，而是将更多的注意力放在了成员所隶属的组织上。这就凸显了他们原本所属组织的组织目标以及实现该目标所依赖的手段和方法。红队早期的互动会将成员凝聚在一起，共同追求一个明确且富有挑战性的团队目标，而蓝队则强调了成员彼此之间的差异，并倾向于拉开彼此的距离。

## 战胜刻板印象

关于人与人之间的差异存在这样一个悖论：要表现优异，团队中的成员必须有差异，但是正如从众多蓝队的表现中所看到的那样，差异也会让团队陷入困境。当团队成员无法打破刚来时对彼此的刻板印象，无法专注于团队正面临的现状时，成员之间的差异就会让团队陷入困境。除此之外，影响反恐活动的刻板印象还包括对对手的看法。"这些笨蛋，"蓝队一位分析师在查阅了一个大城市中可疑组织的信息后说道，"他们怎么可能不被我们在一分钟内抓住并灭掉呢？"这个人基于脑中对对手的刻板印象，做出了强烈贬低对手的判断，他并不认为对手会拥有丰富的科学和工程技术能力。这类判断必然会降低蓝队的警觉性，使他们忽略那些本应注意到的指向红队可能发起技术性进攻的相关信息。这样的话，想要准确地分析数据，并恰当地对进攻进行阻止也就无从谈起了。而如今，除了在模拟实验室，现实中的恐怖分子发起技术性攻击的情况也变得十分常见。大量的评论员也注意到，恐怖分子在准备和执行行动计划时，已经能够迅速探索和使用基于网络的方法和技术。

无论是关于对手的，还是关于同事的，刻板印象都会让人不安。例如，有人听到一位 CIA 的分析师嘟囔说，来自 FBI 的队友只关心他的勋章和枪。如果将这些刻板印象与成员的群体身份（如种族或性别）相结合，团队的能量就会无法挽回地恶化。在一次模拟演习中，蓝队成员正在监控红队成员的计算机。"快看，"一位执法部门的男性成员不屑地说，"他们只是在来回地传递照片。"显然，这不是蓝队要追踪的。接着，一位在一个研究型实验室工作的计算机专业女博士大声说："我想我可能知道他们在干什么了！"实际上，红队成员正在练习一种信息"隐写术"，即将信息编码在大型的图片文件中，肉眼根本无法识别。但是，因为这个计算机科学家来自一个"错误"的学科，为一个"错误"的组织工作，而且是位女性，所以她得到的回应是："亲爱的，让我们来处理这件事情吧。如果我们需要你的帮助，我们会告诉你的。"

这些并非我刻意编造。无论是明确表达出来的，还是深藏于心的，刻板印象都会严重阻碍团队对其成员资源的有效利用。有时人们认为，团队成员在工作问题上的冲突是有价值的，因为这会激发创造力。无论这是否属实（近期的研究不像早期的研究那样支持这个观点），但毫无疑问的是，人际冲突会在团队中产生负面情绪，并导致原本不该发生的任务冲突。因此，有必要关注一下充满冲突的团队，尤其是当这些冲突源于团队成员间的刻板印象时。

好消息是，社会科学已经找到了克服团队成员间的刻板印象的方法。其中最重要的一点是，团队成员要在一段时间内相互依赖、共同完成一项所有成员都关心的任务。这正是红队所做的。这也正是来自不同学科和机构的红队成员会因其为团队带来了特殊资源而受到器重，而不是因彼此不同而受到诋毁的原因之一。然而，对于蓝队而言，对团队内部及外部的刻板印象，却成了成员难以克服的一个障碍。

## 设计和运用绩效策略

为团队设计一个与任务和情境相适应的绩效策略，是一种创造性行为。团队成员可以给出行动建议，然后征求队友的反馈。或者，团队也可能不需要详细讨论，而是直接采取一种特定的运作方式，之后回过头来复盘其效果，找到改进方向。在这两种情况下，设计一个绩效策略的基本过程都是首先确定一个替代方案，然后测试其在推动团队朝着目标前进方面的有效性，之后再改进，不断循环，直到团队找到最佳方案。PLG 模拟演习中，红队拥有制定良好策略所需的条件：他们扮演的是进攻者；他们的目标清晰且具有挑战性；团队成员都有各自的特长。因此，当有人想到一个方法的时候，团队成员只需要简单地问自己："这个方法对我们有帮助吗？"由于团队成员都相当博学且经验丰富，所以一个古怪的或者极其浪费时间的想法被采纳的可能性极低。

蓝队成员就没有这么好的条件了。因为他们的目标并不清晰，所以他们很难使用"提出－测试－修订"的模型来寻找完成任务的最佳策略。而且，由于成员均来自不同的组织，每个组织都有各自偏好的信息收集和分析方法，因此，他们很难就任何一种前进方式达成共识。对许多蓝队而言，这是组织间内部竞争的一个缩影，而且往往会形成一种效率低下的信息收集方法，即将团队成员能收集到的所有可能相关的数据信息堆积到一起，并希望最终从中发掘出有用的信息。

在大多数情况下，这种毫无战略意义的方法并不奏效。蓝队发现，他们被一堆未经区分的信息所淹没。更糟糕的是，蓝队对这个问题的反应往往是寻求更多的信息，或者在某些情况下，向扮演情报领域专家的白队寻求"提示"。随着问题越来越棘手，团队成员更加倾向于依靠他们原来各自所在的组织中常见且好用的策略，但这种做法，有可能进一步激化冲突，加剧弥漫在团队中的沮丧情绪。

具有讽刺意味的是，尽管 PLG 模拟演习中的团队几乎从未用过某些策略，但确实有一些策略可以帮助人们对大规模的信息进行精简和聚焦。我们将在第 7 章中详细讨论这些策略，包括将分析任务从防守型的活动重构成进攻型的活动，或者进行所谓的"限制性的头脑风暴"。在重构过程中，蓝队可能会换位思考，从原来的"我们应如何准确地预测红队的计划"转化为类似"如果我们拥有红队的技能和资源，会怎么做"。仅仅是此类简单的认知变化，就可以让团队成员重新定位，将注意力集中在那些最有分析价值的信息上。蓝队可能首先要考察对手的个人背景信息和人际关系网络，然后再使用限制性的头脑风暴。考虑到对手的专业知识和其可利用的资源，这些数据可以帮助团队聚焦于有限的几种最有可能发生的情况。通过从根本上减少团队需要考虑的可能途径，最可能发生的情况或许可以缩减至一到两个，这样，团队就可以更有效、更明智地进行信息收集了。

这些都不过是些例子而已。关键在于，在PLG模拟演习中，出于所有已经讨论过的原因，蓝队发现自己同对手相比处于被动地位。由于缺乏共享的绩效策略，蓝队成员倾向于依赖自己过去所属组织的工作流程，进而逐渐弄清楚他们收集到的所有数据。其实有一个更好的办法。在后面的章节中我们会看到，如果在制定绩效策略时进行前期投资，明确考虑团队的任务要求、完成任务的背景条件以及想要达到的成果，日后就可以产生丰厚的回报。

## 如何让团队变得有效

相关研究广泛记录了影响个人和群体决策的认知偏差和社会功能障碍。为了应对这些问题，研究人员正在探索能够改善分析过程的策略。但是，从PLG模拟演习中获得的经验和教训表明，仅仅推动团队过程或引入结构化分析方法可能不足以帮助团队取得最佳表现。原因在于，在PLG模拟演习中，红队和蓝队存在根本性的差异，这种差异与团队的基本特征、任务特点和工作环境有关。如果团队的问题源于团队构建时的基本缺陷，那么就需要将更多的注意力放在这些基本特性上，而不是仅仅着眼于成员之间的关系或他们开展工作的方式上。

因此，最好将类似PLG模拟演习中蓝队所遇到的问题，视作团队结构和支持环境本身存在某些问题的信号。在这种情况下，即使是再好的过程干预也不太可能解决这些问题。实际上，以过程为中心的干预措施可能会让原本就令人不满的绩效情况更加令人沮丧。相比之下，结构合理并得到支持的团队确实能够从良好的商讨过程中得到帮助，如 PLG 模拟演习中的红队。

解决这些问题对反恐团队而言尤为重要，因为如今的进攻方和防守方已经不再像过去那样"匹配"。在过去，都是己方的战斗机飞行员对战对手的战斗机飞行员，己方的步兵部队对战对手的步兵部队。但现在情况已经发生了变化，很可能是己方的"猫"对战对手的"骆驼"。双方不再匹配，这意味着在组建团队和资源配置方面，我们可能需要比以往任何时刻都更具独创性，以应对运作模式与我们完全不同的对手。

因此，贯穿本书其余部分的问题是：如何帮助各种各样的团队表现得像 PLG 模拟演习中大多数红队那样好。或许永远都不可能使一个以防守为主的团队像进攻团队那样拥有一个可靠的立足点。但是，正如我们将要看到的，至少有可能让防守的一方在对抗中全力以赴。

## 有效团队的 4 大特征

- 有效团队更多扮演进攻方的角色，任务更加明确。
- 有效团队更善于识别、利用成员和外部专家的专业知识。
- 有效团队能克服成员间的刻板印象。
- 有效团队能设计一个任务和情境相适应的绩效策略。

COLLABORATIVE
INTELLIGENCE

第 2 章

何时需要团队，何时不需要团队

人们对群体感触颇深，不仅是那些喜欢或讨厌群体体验的成员，研究他们的学者也是如此。在一篇题为《假设我们认真对待群体……》（*Suppose We Took Groups Seriously...*）的文章中，管理学学者哈罗德·莱维特（Harold Leavitt）曾指出，群体有如此多的好处，我们应该考虑用群体而不是个体作为组织构建的基石。

与此相反的观点可以简单地用一句芬兰谚语来概括："群体让愚蠢叠加。"心理学家埃德温·洛克（Edwin Locke）和其同事可能会对此表示赞同。在一篇题为《群体主义时代个体的重要性》（*The Importance of The Individual in an Age of Groupism*）的文章中，作者指出，群体狂热已经席卷组织生活，尤其是在提供批判性思考方面，个体的重要作用正逐渐丧失。

在有关群体作用的讨论中，无论持支持还是反对观点，群体中的各方都可以为自己的立场举证以获得支持，文章、评论以及确凿的实证数据等，也都可以作为他们论证的材料。一方面，具有前瞻性的图书如《热门群体》（*Hot Groups*）、《团队智慧》（*The Wisdom of Teams*）、《群体天才》（*Group Genius*），以及一些学术分析等，都可以表明群体在知识生产过程中日益占主导地位。

另一方面，欧文·贾尼斯（Irving Janis）的经典著作《小集团思维：决策及其失败的心理学研究》（*Groupthink: Psychological Studies of policy Decisions and Fiascoes*）展示了在进行重大决策时，团队能错得有多离谱。大量关于团队搭便车（也被称为社会惰怠效应）的研究文献，以及关于类似头脑风暴这类团队技术的性能优势褒贬不一的各类证据也能说明一些问题。在上一章所描述的 PLG 模拟演习中我们可以看到，从红队到蓝队，团队行为无处不在。

本书的结尾，我们将一起讨论如何让团队具有正向绩效。但要做到这一点，我们首先需要明确组织中团队的一些基本要素：

- 我们所说的"团队"[①]到底是什么？
- 什么情况下你需要一个团队来完成一项工作，什么情况下不需要？
- 什么背景下你应该创建团队，以及创建什么类型的团队？
- 在这个过程中，你可以观察哪些方面来评估团队表现？

一旦这些基本要素明确了，我们就可以聚焦到我们的主要任务上，也就是探索那些创建、领导或服务于团队的人们可以创设哪些条件，以增加团队表现卓越的机会。

## 7 种不同协作形式的群体和团队

如图 2-1 所示，组织的协作形式千变万化。第一种协作形式是图中序列最左端的兴趣团体，这是联系最不紧密的协作形式，也可被视作一类

---

[①] 学者们在使用团队（team）和群体（group）这两个术语时有不同的偏好，有时会将两者区分开来。但在本书中，我认为它们是可以彼此替换的。

界定宽松的群体。兴趣团体为成员提供交流平台，人们可以就共同感兴趣的事物交流想法。例如，对亚洲文化感兴趣的人群，或者那些希望就青少年日益沉迷在社交网络这件事交换意见的人群，都可能发展成一个兴趣团体。尽管兴趣团体可能与成员的组织工作没有直接关系，但它们确实在那些可能永不谋面的人之间建立了联系。而且，有时兴趣团体正在讨论的一些内容，确实恰好能激发某些参与者产生与其工作相关的想法或灵感。

```
┃         ┃         ┃        ┃        ┃         ┃         ┃
兴趣团体  实践团体  自然合作  共事群体  分布式团队  项目团队或  半永久性
                                                 特别任务组  工作团队
```

图 2-1  七种不同的协作形式

第二种协作形式是实践团体。其成员确实有与各自组织工作相关的交流，尽管参与该团体不是一项实际的工作职责。例如，有些人在不同的机构中工作，他们都必须处理大量的原始数据。他们中的一些人提出的对这些数据进行分类和压缩的方案同样适用于其他机构。一个有关数据压缩方案的实践团体能帮助人们彼此学习，而当成员在自己的数据方面遇到非常棘手的问题时，他人可能提供一些社会支持和具体指导。Web2.0 使整个世界高度互联，跨越国家和组织边界的实践团体也越来越司空见惯。随着这类团体的不断壮大乃至最终变得臃肿，这一趋势是否会持续尚待观察。

第三种协作形式是自然合作。例如，想一想那些在不同机构负责管理某种特定监视名单的个人，若能使他们相互协作，显然会对彼此的工作很有帮助，但是如果没有既定的组织来这么做，该怎么办呢？在这种情况下，个体可能会自发做这件事，他们通过互相联系达成共识，即在没有来自其他机构相关工作人员的提醒或请求的情况下，他们的合作策略或实践方式就保持不变。和实践团体情况相同，互联网的发展正为自然合作提供更多新的机会。

第四种协作形式是共事群体。这类群体在实践中被广泛应用（本章后续将会进一步详细阐述）。一个共事群体，是一群人同时工作但不对最终工作成果负共同责任。当组织领导者将一个大的分析任务拆分开来，并将这些子任务分配给每位分析师时，这些个体分析师就组成了一个共事群体。尽管这些分析师会就工作进行非正式的沟通和反馈，但他们大多是独立工作。每个个体完成自己负责的那部分工作后，群体的领导者会将其整合成最终成果并提交给客户。

第五种协作形式是分布式团队。在分布式团队中，团队对最终成果确实负有责任，但成员之间并不会进行面对面的交流。相反，他们主要依靠、有时甚至完全依靠电子手段进行沟通和协调。正如在本章后面部分将会看到的，这类团队虽然共享任务，但成员分散在不同的地区，这就使他们会面临一些独特的挑战，比如存在时差问题，领导者需要对其结构和管理特别关注。

第六种协作形式是项目团队或特别任务组。这类团队的组建往往是因为要在某个期限前完成一项特定的工作，一旦该工作完成，团队就宣告解散。例如，可以成立一个团队来研究和记录美国港口的进口情况，或者开发一套改进程序，以便在发现具有国际影响的潜在威胁时可以协调不同的盟友共同应对。

第七种协作形式是半永久性工作团队。这类团队有既定的工作任务，该任务由特定团队无限期负责。例如，一个团队的任务是持续监控某些跨境金融交易，或者为某位高层政策制定者准备一份关于某些地区活动的周报告。当然，半永久性工作团队的成员会随着时间的推移发生变化，但团队会一直持续下去，直到最终解散。

图 2-1 所示的序列有助于我们理解许多不同的协作形式，但它们在序列上的具体位置是任意的。事实上，许多协作形式都落在了这些点之间的位置上。更重要的是，随着时间的推移，团队可以自然地从一种协作形式发展到另一种。例如，实践团体中的成员可能发现他们的交流相当有价值，所以在执行日常工作时越来越依赖彼此，而这正是一种自然协作的形式。或者一个特别任务组可能会发展成一个半永久性工作团队。换个角度看也是如此。比如，一个特别任务组的成员可能在工作完成后继续保持非正式的联系，当有需要时他们可以随时重新启动协作，或者像通常那样，在官方正式渠道受阻时帮助彼此完成工作。

通过以上介绍，我们可以知道自己的团队处在序列中的什么位置。一旦确定了需要完成的工作及可以参与的人员，你要考虑的就是团队要往哪个方向发展。本书中，我们关注的是图 2-1 的右半部分，在这些协作形式下，工作成果的质量，很大程度上取决于参与者是如何一起工作的。本书所讨论的良好的团队设计和领导原则也适用于其他松散的协作形式。但是，评估这些团队设计和领导原则在多大程度上适用的研究仍有待完成。

## 不是所有工作都需要团队完成

在某些情况下，选择无关对错。像是只有个体才能驾驶单座飞行器，只有团队才能使一架需要多名机组人员共同协作的飞机运转起来；演奏弦乐四重奏需要一个团队，但谱一首四重奏曲子（至少是一首不错的曲子）必须由个体来完成。这些都是特例。当一首曲子既可以由团队、也可以由个体来演奏，或者一项工作既可以由团队、也可以由个体来完成时，情况又如何呢？

就这一问题，领导者往往未经深思熟虑就仓促决定，有时甚至基于错误的原因就决定了。例如，有些领导者坚定地认为，团队几乎总是能比个体产出更高质量的产品，这实际上是认可了传统管理文献中所宣扬的团队协作的潜在好处。有些领导者可能决定将一项有争议的工作分配给一个团队去完成，希望借此淡化或至少分散自己对该产品应承担的责任。还有一些领导者使用团队来完成任务是为了吸引团队成员的参与，希望借此来促使成员对团队产品或决策承诺担责。以上这些都是许多组织任务最终被分配给团队去完成的常见原因。

## 何时需要团队

相比于任何单独完成某项工作的个体，团队总是拥有更多的资源，在如何分配这些资源上具有更大的灵活性。如果某个个体无法完成工作，团队中的其他个体可以调整日程接手其工作来填补空缺。然而，更重要的是，团队较个体而言，总是拥有多样化的可用资源，诸如团队成员带来的各种各样的知识、技能、经验和外部关系。这些差异为团队成员提供了很多机会，使他们在共同工作时能彼此学习，从而为团队创建一个越来越大的知识和技能库。此外，一个多样化的团队提供了至少一种可能性，即团队成员可以利用他们的差异性创造奇迹，制造出质量非凡的产品，或表现出一种任何成员单独行动时都无法达到的洞察力。

因为团队是多人共事，相较其他方式而言，在团队中工作，人们可能被分配到涉及范围更广、更有意义或更重要的任务。我们知道，任务属性会促进工作动机，这些更有意义或更具挑战性的工作会让团队中的个体更想将事情做好。而且在团队工作中，任务没有被分割成小的碎片分配给单个个体来完成，这样，团队作为一个整体就更容易和客户建立起直接的双向交流。而在这种直接的双向交流中，客户的反馈反过来可以帮助团队提高绩效。以上这些都是团队非常重要的优势，有助于解释为什么现如今团队已成为完成组织工作的一种流行的方式。

## 何时不需要团队

**团队应在有合理理由时再创建，并且这些理由我们可以明确地识别。**然而，现实中太多人未经深入思考或仅仅是出于习惯便创建了团队，比如"这个问题很有意思，我们建一个任务组来深入研究吧"。就这样，一个不必要的团队形成了。当你想要建立一个团队时，请先停下来问问自己：为什么我确实需要一个团队？是因为这项任务需要的资源比任何个体所能提供的都要多吗？还是因为完成这项任务需要多样化的技能和视角？或者是快速变化的环境需要靠团队的灵活性来跟上脚步？抑或是你想要创建一个情境，人们在其中可以通过与他人的互动来磨炼自身能力？如果上述原因都不适用，就没必要花费额外的精力来创建一个团队。

此外，一些工作并不适合由团队来完成。例如，相较于集体表演，艺术创作天生就更适合个体，其中，创造力尤为重要。创造力将最初的部分想法和观点有机结合成一个整体的想法和观点，并通过某种方式表现出来。有位博主将发挥创造力描述为这样的时刻："当知识、经验和创造性的想象力进行复杂融合时，自发产生的洞察力和灵感会在短暂时刻保持一致。"这一观点引发了一位作家的共鸣，在其出版商举办的一场头脑风暴会议上，他为青少年小说创作提供了新观点："我们过去以一种协作化的方式做事，而且很自由，大家的思想自由流动……但是，当你逐句书写故事时，我不知道你如何做到在多个声音同时表达不同观点时还能继续写下去。"

与小说、诗歌或乐谱相比，委员会或特别任务组的报告都是一些通俗文件。即使是这类通俗文件的写作，由一位有天赋的个体代表团队来完成（当然是在与其他成员的广泛磋商后），也要比由这个团队共同完成来得更好。事实上，仅仅是创设一种集体主义心态，就会损害创造力。在一项实验中，研究人员鼓励参与者思考一下他们自己的个性以及他们所归属的团队的特点，然后让这些参与者聚集在一起，以团队的形式来执行一项创造性的任务。与倡导集体主义的团队成员相比，倡导个人主义的团队成员产出了更多具有创造性的产品。

以上实验表明，团队的存在，有时能够促进个体的创造性。沃伦·本尼斯（Warren Bennis）和帕特里夏·沃德·比德曼（Patricia Ward Biederman）在他们合著的《七个天才团队的故事》（*Organizing Genius: The Secrets of Creative Collaboration*）[1]一书中引用了小说家亨利·詹姆斯（Henry James）的发现，即当周围有其他人存在时，对从事创造性工作带来的好处：

> 当与同伴在一起的时候，每个人的工作都完成得更好，这得益于同伴的建议以及与其竞争的刺激。当然，单独工作的个人也能出色地完成工作，但可能要在更加适宜的环境中从事这项工作才行，否则的话，工作效率可能会事倍功半。

这一发现可能有助于解释为什么作家、画家和作曲家往往居住在同一个城市或社区。或许那些工作中需要创造性的人，也会因为与从事类似工作的人相距较近而受益。反之亦然：地理位置分散的团队成员依靠电子技术进行交流合作可能会提高效率，但要以牺牲一部分创造性作为代价。

---

[1] 沃伦·本尼斯，领导力之父，组织发展理论先驱。他和帕特里夏·沃德·比德曼所著的《七个天才团队的故事》研究了美国历史上 7 个具有持久影响力的团队，并总结出了伟大团队的 15 条经验。这些经验对于今天从事颠覆式科技创新的创业型公司尤有启发。该书中文简体字版已由湛庐引进，浙江人民出版社于 2016 年出版。——编者注

所以，如果你打算创建一个团队，那么它就应该是一个真正的团队，而不只是徒有虚名。读过一些讲团队优势的热门文章的管理者，有时会将一群只是在咖啡机周围交流互动的人定义为一个"团队"，这是错误的。**只有当有能力的人们为达到某种共同的目标协同共事，团队的优势才能发挥出来。**

## 团队过时了吗

过去的团队不再起作用了吗？虽然多年来情报人员依靠过去的团队模式完成过各种情报工作，但如今技术如此强大，以前团队合作的优势今天能够以新的、更好的方式获得。于是，情况发生了变化，人们不再需要费心和努力地去创建和支持一些工作团队了。试想一下，有这样一个任务：你要为一个具有挑战性的技术问题找一个解决方案。传统情况下，人们可能把这一问题交给一个技术专家团队。然而如今，人们可以将这一问题抛出去公开招标，采用众包的方式来解决。许多情况下，大众提出的解决方案比内部专家团队提出的方案更好，并且执行起来更快，成本更低。

或者，你要完成这样一个任务：对一些现有数据粗略且不可靠的事情进行评估。例如，评估一个国家在某年可能消耗的矿物燃料数量。你可以将这一任务交给一个经验丰富、在该领域拥有深厚的专业知识的分析师团队。你也可以利用大众的集体智慧，通过收集大量个体的独立评估结果，简单地计算均值进而得到最终的答案。

众包和集体评估只是当今众多以技术为导向的替代团队的备选方案中的两个。这些方式既非灵丹妙药，也非放之四海而皆准。正如第4章中将要讲到的，它们只适用于一些特定类型的任务，比如，当你确信存在一个解决问题的方案，但又苦于不知道它在哪里时，就可以采用众包的方式。

当许多人都有一点贡献但贡献都不大时，就可以采用集体评估的方式。此类工具对许多其他类型的任务都不适用，例如，有些任务需要不同专家实时协作来为一个复杂问题形成集成解决方案。

为将要实施的工作识别所需的团队类型，然后有效地构建、支持和领导该团队，这里存在一系列挑战。正如接下来你将会看到的，有许多不同类型的团队可供选择。一旦克服此类挑战，一个工作团队可以取得远超任何个体单独完成时的绩效水平。

## 不同的问题，需要不同的团队

假如你决定将一项工作交由一个团队完成，那么它应该是一个什么样的团队？你的第一冲动可能是创建一个成员可以面对面实时交流的团队。但其实还有其他的选择。这些选择中，有些适用于某些情景，但在其他条件下就不适用了。当你要创建团队时，以下两个问题可以帮助你做出正确的选择：

- 该项工作的责任和义务主要是由团队集体承担，还是由团队成员承担？
- 团队成员需要实时互动，还是可以按照各自的节奏在各自场所完成工作？

基于上述两个问题的答案，我们总结出了4种常见的团队类型，如图2-2所示。图中标识的这4种类型的团队分别对应了不同类型的情报工作。

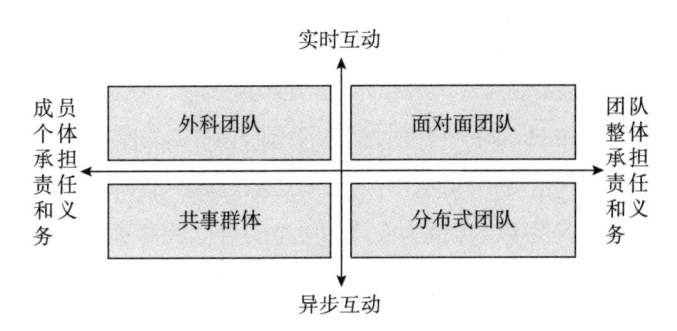

# 第 2 章　何时需要团队，何时不需要团队

```
                    实时互动
                       ↑
成                                              团
员  ┌──────────────┬──────────────┐  队
个  │              │              │  整
体  │   外科团队    │   面对面团队  │  体
承  │              │              │  承
担  ├──────────────┼──────────────┤  担
责  │              │              │  责
任  │   共事群体    │   分布式团队  │  任
和  │              │              │  和
义  └──────────────┴──────────────┘  义
务                     ↓              务
                    异步互动
```

图 2-2　4 种常见的团队类型

资料来源：基于哈克曼和韦格曼 2005 年的研究。

## 外科团队

图 2-2 左上角所示的团队正是软件工程师弗雷德里克·布鲁克斯（Frederick Brooks）所说的外科团队。他之所以选择这一名称，是因为外科手术中对手术结果负责的是主治医生个人，但完成手术需要全体成员实时地协同合作。布鲁克斯提出，软件开发团队应构建得像外科团队那样，团队成员之间密切合作，但其中的某个人对最终结果负主要责任。

像外科团队一样，情报团队成员的主要职责是为团队领导者提供他们所能提供的所有信息和协助。当团队任务需要极高水平的个体洞察力、专业能力或创造力，但涉及范围太广、任何单独个体都无法独立完成时，就需要构建这类团队。一些分析性评估工作就属于这一类型；这类工作需要各个团队成员全情投入，但最终由一人独立完成报告撰写，其他成员来负责后续审查。

## 共事群体

图 2-2 左下角所示的是共事群体。在共事群体中，同样由某个成员对

最终结果负主要责任。情报领域的大量工作，都是由很多被称为团队的群体完成的，但实际上他们是共事群体。在这类群体中，每位成员独立工作，同步执行整个任务的不同子任务，最终将他们各自的贡献加以整合，便是集体的最终成果。这类团队的领导者，常常鼓励成员要沟通协商，这种互通有无也确实时有发生。但因为个体只为他们自己负责的子任务担责，总体来说，成员之间与工作相关的互动相对较少。

共事群体无法创造协同的集体成果，因为他们没有共同的任务目标。当成员被聚在一起时，他们有时会相互激励，为团队带来高绩效，但是当他们对工作所需的配合还不太默契，或者群体太过庞大以至于有成员试图"搭便车"蹭他人的贡献时，就会损害团队绩效。迈克尔·奥康纳（Michael O'connor）和我在一项关于情报分析团队（本书后续有详细描述）的研究中发现，共事群体的绩效表现不如一个精心设计的、为集体成果共同担责的团队。一般而言，当个体之间几乎不需要协作或彼此之间依赖度不高，基本上可以独立工作时，可以采用共事群体的方式推进工作。

## 面对面团队

图 2-2 右上角所示的是面对面团队。在这类团队中，团队成员聚在一起，协作共事。他们一起生产产品、提供服务或为共同担责的工作做出决策。比如，在情报领域众多的面对面团队中，危机行动团队负责在危机蔓延期间为决策者提供支持。团队成员通常在一个安全基地并肩作战，在空间上与其他人分开。他们按例安排工作日程，确保 24 小时都有人随时待命，这样便能随时接收和处理来自现场的信息。团队成员非常清楚，他们对团队的表现负有集体责任。

无论是应对危机，还是执行常规任务，面对面团队是人们在使用"工作团队"一词时头脑中通常会浮现的团队形象。现有的关于团队行为和表现的研究文献，也大都是关于这类团队的。当计划创造一个高质量的产品时，往往会需要一些技能、经验和视角互补的团队成员实时协作，这时，通常会采用面对面团队的形式。

## 分布式团队

图 2-2 右下角所示的团队是分布式团队，有时也被称作虚拟团队或分散式团队。虽然分布式团队的成员为集体成果担责，但他们既不在同一地点工作，也不需要实时互动。相反，团队成员可以运用通信技术，在他们自己选择的时间点交换彼此的观察结果和想法。比如，一个团队接到命令，需要去评估海外某地正在进行的物料运输背后的含义，其成员既包括总部的工作人员，也包括身处目标地区的人员，这样的团队可以算作分布式团队。

因团队成员不在同一地点工作，所以相比于面对面团队，分布式团队的规模可以更大、更加多样化，团队成员的学识更加渊博。当运行良好时，此类团队可以凭更高的专业技能将收集到的大量信息快速、高效地运用到工作中。但是，随着越来越多的组织记录了分布式团队运作时的一些问题，人们开始逐渐认识到，这类团队也不是万能的。虽然决策支撑系统能在一定程度上减缓因团队过于庞大或过度差异化而引起的问题，但与面对面团队相比，分布式团队工作时仍然会花费更多的时间，交换的信息也更少，错误的发现和纠正也更难，结果，员工的参与满意度也更低。

当一个团队很难或者不可能定期进行面对面会议时，通常就会采取分布式团队的形式。但有些团队越来越多地依赖通信技术来协同成员的工

**真团队** COLLABORATIVE INTELLIGENCE

作，尽管其成员在地理位置上并不分散。如今，研究人员正致力于识别在复杂的通信技术之外，这类团队运行良好所需的特定条件还有哪些。尽管目前的研究还没有得出确切的结论，但特定条件的清单上应包含清晰的团队边界（如果不清楚团队中有哪些人，远距离协作将非常困难），采用面对面而非线上方式启动的团队任务，以及贯穿团队整个生命周期的、持续的领导力支持。在满足这些特定条件的情况下，才能确保团队成员参与时始终与组织的目标保持一致。

## 沙丘团队

除图 2-2 中所列的 4 种团队之外，还有一种团队叫作沙丘团队。这种团队很特殊，它不是那种传统意义上的有边界的工作团队。我们可以将沙丘团队看作动态的社会系统，拥有可变的构成和边界。就如同沙丘的数量和形态会随着风和潮汐的变化而变化一样，随着外界需求的变化，这类团队也会随时调整其规模和类型。沙丘团队可以根据不同的任务采取不同的形式，这使它特别适合情报工作，因为这种工作不适合采用简单、稳定的团队形式。

在为高层政策制定者提供经济分析的美国行政管理和预算局（Office of Management and Budget，OMB）中，分析部门采用沙丘团队的形式取得了很好的效果。在这类分析部门中，有些任务需要长达数月的研究，有些任务则需要团队成员实时跟进，还有一些任务是为客户提供一次性的分析，这些分析必须由临时紧急成立的团队在几个小时内完成。随着任务需求的不断变化，分析部门中的团队不断组建或重组，每个人同时服务于多个团队，这些团队要面对不同的客户，有不同的任务和不同的生命周期。

沙丘团队的组织规模通常较小（可能少于 30 个成员），团队成员通常很稳定，这有利于规范团队，从而使团队能顺利、高效地组建或重组。这类动态团队在许多领域都适用。例如，在医院急诊室和危机管理中心，人们通常独立工作（许多人甚至彼此不认识），但是一旦有任务、有需要，人们就会集中起来，立即开始工作。这类团队潜力巨大，未来还需要进行大量的研究来探究，如何才能帮助这类团队迅速地启动，高效、出色地完成它们的工作任务。

## 组建团队前必须回答的两个问题

团队这一概念是一种投射测验（projective test）[①]，学者和实践者用它来指代完成集体工作时的各种社会形态，没有统一的标准。在思考如何更好地完成一项特定的情报工作时，首先要问的问题是完成这项工作是否需要一个团队。如今我们已经知道，这个问题没有标准答案。**尽管团队的确有许多潜在优势，但不足之处也是真实而普遍存在的。因此，多数情况下，明智的（或者至少是谨慎的）做法是不要高估团队的潜在好处，从而规避因盲目地使用团队所造成的实际损害。**

其次要问的问题是创建什么类型的团队。我们已经讨论了5种团队类型——外科团队、共事群体、面对面团队、分布式团队以及沙丘团队。每种团队只适用于某些特定的任务和情境，对于其他情境可能就不适用了。因此，当有机会通过构建团队来完成某些情报任务时，在召集一群人并为他们分配工作任务前，先回顾下我们本章讨论的内容是个不错的主意。

---

① 一种用于探索个体心理深处活动的人格测量方法。——编者注

## 需要建立团队的 4 种情型

- 当任务需要的资源比任何个体所能提供的都要多时。
- 当任务需要成员具备多样化的技能和视角时。
- 当任务所处的环境会快速变化,需要团队高度灵活时。
- 当想要依靠团队互动来磨炼成员的能力时。

COLLABORATIVE
INTELLIGENCE

第 3 章

如何评估团队有效性

## 第 3 章　如何评估团队有效性

评价一个团队"做得好"意味着什么？这个团队通常拥有一个目标明确的任务：这个目标可能是向委托人提交一份分析报告，可能是从禁区获取某些物品，可能是完成一项信息系统入侵来源的调查。如果没有完成此类目标，毫无疑问，这个团队的表现不合格。但是不是可以简单地将完成目标等同于团队表现好呢？

答案当然是否定的。团队的高绩效常常取决于多个因素。例如，委托人对团队所交付的任务结果的真实想法是怎样的？这些结果能帮助他们完成自己的目标，还是仅仅作为资料存档，然后被遗忘？这些任务结果对其他的一些利益相关方有什么影响？他们虽然不是委托人，但也受到团队任务结果的影响。他们又会怎样应对呢？完成任务对团队本身又会有什么影响？这些共同工作的经历是否会塑造并强化团队的执行能力？为了完成任务，团队是否竭尽全力、充分发挥潜能？完成任务的过程中团队成员又受到了什么影响？他们是否在这个过程中有所收获，还是团队任务对他们来说只是令人沮丧的经历，对他们自身的素质发展没有任何帮助？

从这些问题可以明显看出，任何对团队有效性的全面评估都必须同时关注各种不同类型的结果，而且没有捷径可以走，评估一个团队的绩效表现通常涉及价值判断，无论这些价值判断是否被清晰地描述。在本章中，首先，我会向大家介绍我和同事用来评估团队有效性的价值标准，案例中不乏我们曾经研究过的一些团队。其次，我会介绍一份简单的清单，大家可以在现实中借这一清单来监控团队的工作过程。团队的工作过程越符合此清单，越有可能达成预期的任务目标、提供全方位的服务或做出完美决策。最后，在本章结尾，我们将讨论如何帮助团队开发出最佳的工作流程，从而将团队发展成一个高效的执行单元。

## 准确评估团队有效性的 3 项标准

我和同事用 3 项标准来评估我们研究的团队。这些标准反映了我们对一个团队"表现好"实际上意味着什么的价值判断。如果团队在这 3 项标准中有任何一项是失败的，我们都认为它不是一个完全有效的团队。接下来，我们以之前研究的几个团队为例来说明这 3 项标准，有些团队在这 3 项标准上评分特别高，有些团队的评分则特别低。

1. 团队成果（产品、服务或决策）满足或超出客户在数量、质量和时效上的要求。这些客户包括接收、审查和应用团队成果的人。

我们研究过的一个团队，其撰写的报告通过审查后，通常都被送到高级官员的办公桌上。这位官员多次宣称，该团队的分析很有帮助。相比之下，另一个团队提供给客户的某项跨国交易的例行月度报告通常会被官方助理接收并归档，该团队的所谓"客户"甚至从未见过这份报告。

团队是否有效，由谁说了算？一定不是团队本身，除非极少数情况下，团队在为自己打工。也不是那些外部的研究人员或评估人员，除非他们被有资格评价的人员请来进行团队有效性评估。甚至不是那些团队领导者，他们仅仅是团队结果的实际使用人。客户的标准和评估才是决定团队有效性的重要因素。

优秀的团队能够满足客户的预期。但如果团队的客户并不清楚自己的实际需求，或者他们传达给团队错误的需求，抑或是某个人试图利用团队的产品为一些不恰当的事情辩护，该怎么办？在这种情况下，好的团队会积极行动起来，从理性论证到采取行动，努力确保团队产品能被恰当使用。对一个团队来说，积极的客户管理可能存在风险，但有时却是必要的。

衡量团队的成果是否满足客户需求是一回事，评估其客观品质却是另一回事。为了规避这一难题，一些客户选择将更多的注意力放在团队取得成果的方法上，而不是团队成果本身上。这种情况下，好的过程似乎可以代表团队成果的质量。从一项在私营企业中展开的与情报相关的分析实践研究中我们发现，许多重视分析的企业都是如此。参与调查的一家企业表示："情报技术和准确性都很重要，如果分析人员'用我们的方式，用我们的方法'，那么结果往往是准确的。"

**2. 团队成员共事的经历增强了他们在未来相互依存、共同工作的能力。**

在研究中，我们曾遇到过成员协作方式完全不同的两个团队。一个团队的任务是对客户特别感兴趣的活动进行精确量化。久而久之，这个团队的成员对彼此的优缺点都了如指掌，从而可以娴熟地协调配合，团队甚至能够预测出彼此的下一步行动，并在同伴正在完成上一步行动时，就发起后续的行动。相反，另一个团队的成员共事时间越久，发生的矛盾和冲突就越多。最终，团队共事变得非常痛苦，导致团队成员只能在一件事情上达成共识，即要求领导者解散团队，团队随即被解散。

有效团队是以建立共同承诺、培养集体技能和采取适合任务的协调策略的方式来运作的。在严重损害发生之前，有效团队善于发现和纠正错误，捕捉和利用新的机会。与此同时，团队成员还会定期回顾团队的运作情况，努力从中尽可能多地汲取经验和教训。一个有效的团队在完成一项工作后，绩效水平会显著提高。

**3. 总体来说，团队的经验对成员的学习和职业发展有积极贡献。**

我们研究的一个团队需要利用某些信息技术方面的先进知识来完成任务。据该团队的成员称，他们在一起工作，更像是经常参加一些计算机科学领域前沿发展的研讨会。相比之下，另一个团队的成员则把大部分时间花在了系统监测上，基本上就是盯着很少出问题的系统屏幕，寻找可能存在隐患的蛛丝马迹。这个团队的成员反馈就不那么令人兴奋了。他们认为，这份工作不仅无聊，而且完成工作的过程实际上削弱了他们的专业技能。

有效团队是极好的学习平台。在这里，成员可以扩展知识，习得新技能，探寻与自己不同的观点。除此之外，团队合作还可以产生归属感，让团队成员对自己的社会地位有一种安全感。但糟糕的团队会给成员带来压力，使他们彼此疏远，并削弱他们对自身能力的信心。不可否认，任何团队的发展和成长都不可避免地会遇到各种困难。在我看来，当一个团队的经验对其成员的学习和专业发展产生的消极作用远大于积极作用时，这个团队就不是有效的团队。

上述3项标准可以用来评估任何一个团队的有效性，无论其任务目标或团队架构如何。然而，在评估时，这3项标准的相对权重因时间和环境而异。如果成立一个临时任务组是为了执行一项尤为重要的任务，那么此时第二项标准和第三项标准就变得不那么重要了。如果设立一个团队的主要目的是帮助成员获得经验，学习一些知识，或是在培训课程中，让他们有能力成为一个强大的绩效单元，那么这时，3项标准的权重就恰恰相反，第二项标准和第三项标准就变得非常重要。随着环境的变化，真正优秀的团队会不断在这3项标准之间进行权衡，有时专注于某一项待完成任务的特定部分，有时则会在复盘后开展旨在提高成员个人能力和团队总体能力的活动。

## 做好团队表现预测的3个关键团队过程

在团队任务完成之前，你无法判断一个团队在团队有效性的3项标准上表现如何，有时，甚至要等到任务结束很久以后才能判断。正如本书第9章将要讲到的，在完成一项工作后，花些时间反思"团队成员如何才能更好地共事，获得哪些组织支持可能对团队有帮助"等问题，通常是个不错的主意。但如果是在任务执行当中就考虑到这些呢？那时我们能做些什么？

事实证明，只要持续监控3个关键的团队过程，就可以为预测团队的最终表现提供良好的判断基础。监控时，我们还可以明确调整团队当前运营的哪些方面能增加团队成功的机会。

3个关键的团队过程如下：

- 精力投入：完成集体工作时，团队成员的努力程度。
- 绩效策略适配性：团队为接下来如何开展工作所做的决策与任务本身的匹配度。
- 人才利用率：团队在工作中应用的知识和技能水平。

任何对工作足够用心、采取与任务需求高度匹配的绩效策略，并引进足够的人才来支持任务完成的团队，都极有可能在上面讨论的团队有效性的3项标准上获得高分。然而，如果团队成员在工作中投入的精力不足，团队的策略不当或人才匮乏，那么这个团队很可能会失败。

回顾第1章PLG模拟演习中描述的红队和蓝队，这些团队在精力投入、绩效策略适配性、人才利用率这3个关键过程中有何不同？现在，试着结合这3个关键过程来看你的团队。回想一下你曾服务过的两个团队，一个表现不俗，一个一塌糊涂。比较这两个团队在这3个关键过程中的表现。如果不是3个关键过程都不同，或至少其中2个关键过程存在差异，我会感到非常惊讶。

## 避免过程损失，创造协同效应

评估一个团队在这3个关键的团队过程中管理得如何，你应该特别关注哪些方面？当你发现一个团队在精力投入、绩效策略适配性及人才利用率等方面存在问题或有可提升空间时，你能做些什么呢？

第一步，你需要特别关注哪些方面做得好，哪些方面做得不好。研究发现，这3个与绩效有关的团队过程中的每一项，都既存在使团队无法充分利用全部能力的典型"过程损失"[1]，又存在让团队建立积极的协同效应的机会，使团队结果不仅仅是成员个人贡献的总和。也就是说，一方面，团队可能以一种抑制成员精力投入、绩效策略适配性及人才利用率的方式在运作。另一方面，团队也可能在过程中提高成员的努力程度，形成独特且合适的策略并积极发展成员的知识和技能——实际上，就是为团队扩充

---

[1] 过程损失指团队在交流过程中无法达成最优解决方案的情况。——编者注

之前不曾有的内部资源和团队能力。表 3-1 对过程损失和协同效应进行了总结，你可以利用此表对团队绩效进行实时评估。

表 3-1 团队过程核查清单

| 我们的团队过程怎么样？<br>A B C D F<br>优秀　一般　较差 | | 为了改善团队过程，我们可以采取什么行动？ |
| --- | --- | --- |
| 精力投入<br>☐<br>整体水平 | ■ 努力和承诺<br>避免过程损失<br>——避免团队成员存在社会惰息效应<br>创造协同效应<br>——建立起对团队及其工作的高度共享的承诺 | 可能的行动 |
| 绩效策略适配性<br>☐<br>整体水平 | ■ 团队绩效策略<br>避免过程损失<br>——不会一味地依赖绩效惯例<br>创造协同效应<br>——积极开发创新的、与任务适配的工作流程 | 可能的行动 |
| 人才利用率<br>☐<br>整体水平 | ■ 知识和技能<br>避免过程损失<br>——恰当地评估团队成员的贡献<br>创造协同效应<br>——团队成员积极地相互指导和学习 | 可能的行动 |

## 精力投入

团队执行任务时，总有一些管理成本。举例来说，仅仅是协调团队成员活动，就要消耗掉团队在生产性工作中的部分时间和精力，导致团队实际整体产出比将全部资源完全高效投入时低。然而，与精力投入相关的最可怕的过程损失是社会惰息效应。在群体工作时，我们往往会有些懈怠，完成团队任务时我们投入的精力比独自完成工作时要少。社会惰息效应之所以发生，是因为个体在团队中通常具有一定程度的隐匿性。此外，因为团队任务的负责人通常不止一个,团队成员对集体结果的个人责任感相对较弱。

当团队成员对团队高度认同,决心与团队荣辱与共,并愿意为使其成为最好的团队之一而格外努力时,团队就会获得很好的发展。用一句话概括便是:他们形成了强大的团队精神。这种情况下,即使客观条件不理想,团队成员也可能展现出以任务为中心的加倍努力。例如,团队成员可能会以一种强烈的乐观精神来看待每次遇到的新的逆境,并将它们视作一项需要克服的挑战。

### 绩效策略适配性

团队的绩效策略是指团队成员就如何完成工作所做的一系列选择。例如,一个运营团队起初可能会被分成3个子团队,每个子团队分别负责一项子任务,只有所有的子任务全部完成后,整体的运营才会启动。或者,当一个团队执行一项需要创新性解决方案的任务时,团队成员在初次会议中可能会选择进行头脑风暴,探寻完成任务的所有可能性,然后再用一周的时间来反思之前提出的这些想法是否可行,接着重新聚到一起提出初步执行方案。又或者,一个分析团队可能会先研究任务需求,然后选择团队成员认为最有利于解决问题的特定结构化技术。上述均是关于任务绩效策略的选择。

如果一个团队很熟悉某项工作,甚至只是看似有些熟悉,先前成熟的绩效策略都很可能在此时被继续采纳并指导团队的行为。依赖过往建立的习惯程序是非常有效的,因为团队成员不必重新思考如何实施每一步工作。但是这类习惯程序有时也会导致重大的过程损失,尤其是当团队成员过度专注于依照惯例执行，却忽视了任务和环境已经发生变化时。

1982年1月，一个下雪的午后，佛罗里达航空90号航班从华盛顿国家机场起飞后不久，就撞上了第十四街大桥。此次事故，过程损失显然是原因之一。美国国家运输安全委员会（NTSB）调查得出：

> 事故的原因可能是机组工作人员在地面操作和起飞过程中未能正确使用飞机发动机的防冰功能，并在没有清除机翼表面冰雪的情况下决定起飞。而副驾驶在起飞之初，虽然已注意到发动机仪表读数异常，却未能及时阻止飞机起飞。

一段驾驶舱内的录音显示，飞机在发动机启动后不久，由于遵循以往的例行操作酿成了这起悲剧。根据录音，机长曾要求做启动后检查，这是一项标准程序，可以确保飞机在滑行阶段正常启动。通常，副驾驶会逐条读出检查清单的每一项，机长负责按顺序逐一检查驾驶舱内相应的指示器。

> 副驾驶：电源。
> 机长：接通。
> 副驾驶：皮托管加热。
> 机长：打开。
> 副驾驶：防冰。
> 机长：关闭。
> 副驾驶：空调增压。
> 机长：负载。
> 副驾驶：辅助动力装置。
> 机长：启动。
> 副驾驶：启动操纵杆。

机长：空置。

副驾驶：门警灯。

机长：熄灭。

按清单检查是机组例行程序，每次飞行前必须执行。在这份清单中，对防冰功能的检查，在夏季，以及对于那些通常在温热或干燥气候下操作的机组人员而言，标准回复确实是"关闭"，但这次，情况不一样了。对这些机组人员来说，这种不断重复的枯燥操作已经根深蒂固，以至于他们甚至没有意识到在执行例行询问时，根据情况，有时可能需要给出"非常规"的回答。

几分钟后，当飞机开始起飞滑行时，机组人员还有第二次机会可以挽救飞机。实际上，当时驾驶飞机的副驾驶已经意识到有些不太对，他说："天哪，看那个空速表，似乎不太对，是不是？"但是，机长没有回应。当副驾驶重申他的担忧时，机长打消了他的顾虑："正常，速度有80海里/时。"虽然副驾驶仍有疑虑："不，我觉得这不对。"但他还是让飞机继续沿跑道滑行。尽管数据显示程序异常，但起飞仍未中断，不到一分钟，飞机就撞上了大桥。许多不同类型的任务团队都因盲目地依赖例行操作而导致绩效下降，尽管很少有像佛罗里达航空90号航班这样造成灾难性后果的。

相比之下，团队有时会开发不同的互动方式，从而产生真正原创的或有启发性的工作方式，创造协同的过程收益。例如，一个团队可能会找到一种方法来开发一些被其他人忽略的资源，或者发明一种方法来绕过看似不可逾越的绩效障碍，再或者是想出一种新方法来解决一个难题。制定创新的绩效策略涉及两种不同的活动：首先，团队需要审视外部环境和内部资源，以识别问题和机遇。其次，积极思考可能规避的问题和利用机会的种种方法，最终选择对团队最有利的那一个。如果团队规范支持这类活动（见第7章），团队就可以创造出一种真正创新的工作推进方式，这种绩效策略是团队新创立的，之前并不存在。

**人才利用率**

对任务执行团队而言，最常见和致命的过程损失就是没有准确评估团队成员的贡献。他们在评估团队成员时，经常会从这个人的人口统计学属性（如性别、年龄或种族）、在更大的团体中的地位（如职位、角色或所隶属的组织）或行事风格（如健谈程度）等角度出发，做出相应判断。但如果一个团队过于看重这些因素，而不是看重成员对工作本身的实际了解程度，那么这个团队就浪费了成员的天赋和经验，而这恰恰是最宝贵的财富。

评估哪些团队成员具有集体工作所需的特殊的专业知识并不容易，因为这些特殊的专业知识远非每个成员的外在表现那般显而易见。在缺乏明确的专业技能统计数据的情况下，人们倾向于求助可视化的替代数据。但是，正如第1章中PLG模拟演习所示，面对这些替代数据，人们通常会基于刻板印象进行分析，这必然会导致对某些成员贡献的评估发生偏差。尽管好的评估过程能帮助团队更好地利用成员的专业技能，但是在高速变化的环境中，要完成快节奏的工作，说起来容易做起来难。在这种情况下，团队极有可能依据外在表现来评估成员的能力和贡献，因为持续的变化掩盖了团队成员实际拥有的专业技能信息。

当团队成员形成一种促进相互学习的互动模式时，就能获得过程收益，他们不仅从彼此身上学到了知识和技能，也丰富了团队在完成任务时可用的总知识库。例如，自我管理工作团队经常鼓励推行的轮岗培训就属于此类行为，这类活动涉及的往往是团队成员之间知识和经验的分享。跨职能和跨组织的团队是产生此类协同过程收益的绝佳平台，因为此类团队成员的知识、经验和技能往往具有多样性。然而，即使在相对同质化的团队中，成员也可以彼此学习，甚至有时确实能产生扩展团队总体能力的全新认知。

**团队表现与和谐的人际关系无关**

简要回顾一下你之前认为表现良好和表现不佳的几个团队案例。这些团队在表 3-1 所示的避免过程损失和创造协同效应上的表现如何？检查清单上这些具体的项目能否帮你更好地了解你所回顾的团队在哪些方面做得好或不好。作为团队领导者或成员，他们是否建议你采取一些干预措施，帮助表现不佳的团队做得更好？

你可能已经注意到，这些关键过程与产出高质量任务结果息息相关，而与培养和谐的人际关系完全无关。要弄清为何提高团队有效性更多地依赖于关键过程而非人际关系，我们可以设想一个存在绩效问题的团队。这个团队很可能存在诸如沟通障碍、成员冲突、领导斗争等人际关系问题。我们往往会很自然地推断，正是这些观察到的人际关系问题导致了绩效问题，因此，解决人际关系问题就能提升团队有效性。这一推断看似合理，实则既不符合逻辑，也不恰当。尽管有时严重的人际冲突确实会损害团队绩效，但这并不意味着此时帮助团队改善人际关系是最好的解决方案。

针对以人际关系改善为导向的干预措施的研究表明，对于过程咨询、团队建设等团队发展活动，参与者确实会觉得这些干预措施很有吸引力，如果引导得当，这些干预措施也的确能使成员对团队的态度发生积极的转变。但是这类措施并不能切实提高团队绩效。此外，有研究分别对以任务为中心的团队和以人际关系为中心的团队进行干预，对比后发现，前者的绩效表现明显优于后者。

因果关系的箭头甚至可能指向相反的方向。也就是说，是绩效结果影响人际关系，而不是人际关系推动绩效的达成。在一项研究中，社会心理学家巴里·斯托（Barry Staw）向团队提供了虚假的绩效反馈，然后要求团队成员"客观地"描述团队过程。与那些被告知表现不佳的团队相比，那些被告知表现较好的团队，其成员表现得更和谐，沟通更顺畅。

尽管这类研究发现已经很多，但许多高管仍将注意力和行动集中在如何使组织更加平稳、和谐地运行上。事实上，他们有时会明确地认可和奖励那些在组织满意度调查中显示有改进的领导者。如果高昂的团队士气是卓越绩效的结果而非原因，那么这些高管可能恰好本末倒置了。

## 准备充足，带领团队步入正轨

和很多领导力学者一样，外行观察者常常认为，领导者是团队绩效的主要影响因素。试想一下，如果一支运动队在几个赛季中保持连胜，我们会认为秘诀在于它有一位优秀的教练："加州大学洛杉矶分校的约翰·伍登（John Wooden）真是个了不起的篮球教练！"但如果某支运动队几个赛季接连成绩不佳，教练很可能被解雇。无论结果好坏，都将责任强加到领导者身上，这种观念是如此根深蒂固，以至于团队成员都屈服于它。至少这种现象在西方文化里非常普遍，鲁思·韦格曼和我将其命名为"领导者归因谬误"，即将集体成果看作领导者个人的成就。

我们倾向于将团队领导者视为团队绩效的主要影响因素，这无可厚非，因为与团队设计或环境因素相比，虽然这两者对团队结果同样有重要影响，但领导者的行为更加直观。某些情况下，领导者的行为确实能决定团队是否会成功——领导者是"因"，团队绩效是"果"。但是问题在于：研究发现，只有对那些从一开始组织结构就很合理且得到了良好支持的团队而言，领导者的行为差异才会对团队绩效产生重要影响。如果一个团队人员构成很差、目标模糊或根本不被重视，所在的组织不支持甚至不鼓励团队合作，那么领导者单方面的努力也不可能扭转局面。

因此，与其推荐"正确的"领导风格来引导团队合作，本书更愿意为团队指出一些有关内在结构和外在情境的条件，当这些条件满足时，就会增加团队走上正轨的机会。而且，更重要的是，只有这时，团队成员才能够用上那些卓越团队领导者提供的一些不错的辅导内容。

促成领导策略发挥效用的条件与那些源自传统因果模型的条件迥然不同。为了更好地说明这一点，我引用之前的一个类比，即飞行员在飞机着陆时的两种不同的可选策略。一种策略是亲自、实时地管理飞行系统。飞行员主动降低飞行高度，不断调整航向、下沉率和气流速度，使飞机在失速前刚好到达机场跑道入口，熄火后顺利着陆。另一种策略是根据需要对航向、动力或飞机配置进行微小的修正，以保持飞机处于"最佳状态"，让飞机进场时保持稳定，虽然此时距离进场还很远。飞行员们都知道，第二种策略更安全，因为当遇到第一种情况时，更明智的做法是让飞机盘旋，然后重新尝试降落。

要在进场时保持稳定，需要准备好各项基础条件，如此一来自然就会实现成功着陆的目标。同样的思维方式也适用于其他领域。例如，对于国家而言，与其不断调整利率、货币供应、税收政策，不如建立基本完备的经济条件，让经济自运行；对于父母而言，与其对子女的养育事无巨细一把抓，不如创造良好的家庭环境，促进孩子健康、自主地发展。在这些情况中，更好的策略就是将一个人的主要精力投入能自然地引导事物取得理想结果的条件创设上，减少实时的过程管理（这部分内容在第 10 章会详细讲到）。

这些考量直接关系到情报组织应该如何设计和领导团队。**无论是领导者还是团队成员，任何人都无法让团队变得更好，无法确保团队有效性。但我们可以通过建立 6 个特定的条件，让团队能够顺利完成任务**。而且，这些条件一旦具备，领导者就可以利用自身优势和风格来帮助团队更好地利用对他们有用的各种资源和支持。

## 提升团队有效性的 6 个条件

在本书第二部分，我们将探讨研究发现的 6 个条件，这 6 个条件可以增加团队在有效性标准上表现良好的概率，激发团队为解决困难问题所需的能力。这 6 个条件是：

- 真正的团队（而非名义上的团队）；
- 富有感召力的团队目标；
- 合适的成员；
- 明确的行为规范；
- 必要的组织支持；
- 适时的团队指导。

这些条件对团队的表现到底有多大影响？大量实证研究已经回答了这一问题。例如，在对施乐（Xerox）的一个外勤服务团队的研究中，组织心理学家鲁思·韦格曼发现，相比团队领导者的实际指导，团队设计及组织支持对团队自我管理和团队有效性的影响更大。在我们之前提到的关于情报分析团队的研究中，迈克尔·奥康纳和我发现，在一个独立的、多属性的团队有效性整体评估中，6个条件控制了其中74%的可变部分，影响极大。除此之外，一项关于高层领导者的跨国研究表明，6个条件能很好地预测外部评估委员会对团队有效性的评估结果。显然，6个条件对不同类型的团队作用大不相同——这一发现与第1章描述的PLG模拟演习中红队和蓝队的不同绩效表现完全吻合（红队完全符合条件，蓝队则相反，不具备这6个条件）。

本章前面讲到的过程损失，总会让情报团队面临至少浪费部分资源的风险，其中包括团队成员的知识、经验和共事的意愿。此外，一个遭遇严重过程损失的团队，更有可能被群体工作中公认的缺陷绊倒。情报界资深人士小理查兹·J.霍耶尔（Richards J. Heuer Jr.）在他的书籍《情报分析小组程序》（*Small Group Processes for Intelligence Analysis*）中讨论了这些缺陷。同时，霍耶尔还介绍了是什么导致团队误入歧途（原因包括不合适的团队成员、过多的会议、过早达成的共识、水平低下的团队决策、两极分化的观点、社会惰怠效应，以及线上沟通产生的问题等），并提供了一些帮助团队避免上述障碍的忠告。

建立6个条件确实降低了团队遭受过程损失的可能性，这些过程损失会影响团队有效性。同样重要的是，这些条件还开启了创造协同效应的可能性，使团队绩效优于仅仅将团队成员个体的单独贡献组合在一起所能取得的绩效。接下来的章节，我们将详细探讨这一切是如何发生的，并提供一些详细的步骤，领导者、团队经理和普通成员可以采用这些步骤激发团队、增加团队取得协同过程收益的可能性。

## 准确评估团队有效性的 3 项标准

- 团队成果（产品、服务或决策）满足或超出客户在数量、质量和时效上的要求。这些客户包括接收、审查和应用团队成果的人。
- 团队成员共事的经历增强了他们在未来相互依存、共同工作的能力。
- 团队的经验对成员的学习和职业发展有积极贡献。

第二部分

## 如何激发团队攻克难题

COLLABORATIVE
INTELLIGENCE

COLLABORATIVE
INTELLIGENCE

导 读

本书的第二部分将探讨如何为团队创造提升有效性所需的 6 个条件，以激发团队为解决困难问题所需的能力。就像打理一个花园一样，只有当种子好、土壤肥沃、阳光和水分充沛时，植物才更有可能茁壮成长。只有其中的任何一个条件，都不能保证植物健康生长。当几个条件同时具备时，才有可能取得理想的结果。团队也是如此。

**第 4 章将探讨如何创建真正的团队，为攻克难题做好准备**。真正的工作团队是一个完整的社会系统，团队成员只有通过合作才能实现共同目标。在这里，团队有清晰的边界来区分成员和非成员。他们相互依存、共同创造由集体而非个人担责的团队成果。另外，真正的工作团队构成相对稳定，这使其成员有时间学习如何更好地合作。

**第 5 章将探讨如何设定富有感召力的目标，为解决难题指明方向**。一个富有感召力的目标能够激励团队成员，使其充分发挥个人潜能，朝着集体目标迈进。在团队初创期，要先确立团队目标，因为团队的许多其他设计决策都需要依赖团队目标，包括团队的结构如何、需要何种组织支持以及团队领导者采用什么类型的团队教练指导。思考清楚这些将对团队很有帮助。

第 6 章将探讨如何挑选合适的成员，使团队能力更全面。结构良好的团队通常需要拥有数量合适的成员，且每个成员都需要具备完成相应任务所需的专业知识和与他人协作的技能。同时，团队规模应尽可能小一些，成员应尽量保持多样化，因为规模庞大和过于同质化的成员构成会削弱那些已经设计良好的团队。

第 7 章将探讨如何建立明确的行为规范，促进团队高效协作。行为规范明确了团队中哪些行为是可接受的，哪些是不被允许的。内容明确且被良好执行的行为规范，将极大地减少团队领导者花在成员行为管理上的时间。好的规范能不断提升绩效表现，并能根据任务和情境及时调整相应的工作策略。

第 8 章将探讨如何给予必要的组织支持，来激发团队执行力。即使是结构合理且得到恰当支持的团队，有时也会因无法获得良好绩效表现所需的组织支持而失败。当然，为团队提供完成工作所需的物质资源无疑是最基本的，但除此之外，下列条件同样有助于提升团队绩效：（1）奖励系统，对卓越的团队绩效予以认可并给予及时奖励；（2）信息系统，向团队成员提供计划和执行工作时所需的数据和信息处理工具；（3）教育系统，向团队成员提供可能需要的任何技术或教育援助。

第 9 章将探讨如何提供适时的团队指导，从而最大限度地减少过程损失。称职和及时的团队教练指导能够帮助团队最大限度地减少过程损失，并增加创造协同效应的可能性。但是，在其他条件尚不具备，或者团队成员还未进入准备接受团队教练指导的发展阶段时，即便是再好的教练也很可能无济于事。这就是为什么教练在培养团队合作能力方面同样重要，但却排在 6 个条件末尾的原因。

COLLABORATIVE
INTELLIGENCE

第 4 章

创建真正的团队，为攻克难题做好准备

## 第 4 章 创建真正的团队，为攻克难题做好准备

如果你决定由一个团队来完成一项工作，那么接下来的问题就是，如何创建这个团队。

你肯定希望团队尽可能不受之前章节提到的过程损失的影响，而且最好能同时增加团队成员间积极协同的机会。遗憾的是，团队过程中出现的问题是出了名的难根除，光知道这些问题并不代表你就能避免它们。那么，我们该如何做呢？

避免团队过程中出现问题的一种策略是，规范成员的互动方式，最大程度地降低问题发生的可能性。例如，名义群体法（NGT）[1]提供了一个指导和约束团队成员互动的多步骤过程。该方法适用于备选方案的选择及确定相关选择优先级这类任务。经证明，NGT可以显著降低团队在执行此类任务过程中，发生常见过程损失的概率。德尔菲法[2]的作用更明显。当运用这一方法时，团队成员的互动不影响绩效，因为团队成员之间基本没有互动。相反，他们会将个人意见提交给协调人员，协调人员进行总

---

[1] 管理决策中的一种定性分析方法，在决策过程中对团队成员的讨论或人际沟通加以限制，但群体成员是可以独立思考的。——编者注

[2] 该方法本质上是一种反馈匿名函询法，是一种利用函询形式进行的集体匿名思想交流过程，具有匿名性、反馈性、统计性的特点。——编者注

结,并将结果反馈给所有参与者,这样反复迭代,直到意见达成一致。当然,情报分析人员已经研究出大量的结构性分析技术,帮助人们正视这一难题,并找到解决之道。

尽管结构分析性技术确实可以有效地减少团队可能存在的过程损失,但这是有代价的。限制或约束团队成员互动的同时,这些技术也不可避免地限制了团队创造协同过程收益的潜能。如何创建一个既能避免过程损失、又能产生积极协同效应的团队呢?为探究这一问题,我们来分析一下下文中的两个团队。尽管两个团队都取得了尚可的成果,但其中一个团队比另一个团队更稳健,更能充分地利用好成员资源来达成团队目标。

## 区分共事群体与真正的团队的两种特质

### 应对新兴威胁的团队

为评估潜在对手在开发一项特定技术威胁方面取得的进展,一名高级官员指派一名科技部门的主管去完成这项任务。与高级官员会面后,这位主管顺道去了副主管的办公室,让他召集一些人来执行该任务。接到这一任务后,副主管非常高兴,因为他认为早该关注这一威胁了。他立即起草了一封描述这一威胁的邮件,并寻求解决思路。他将包含敏感细节的版本选择性地发送给了情报界的某些同事,而另一个常规版本则发送给了学术机构和商业实验室的多位科学家。副主管收到了大量回复,对于那些最有可能实现的建议,他问提供者是否愿意详细阐述其想法,并向他们解释说,接下来,他会将他们提供的建议与其他人的建议整合起来,汇总成一份报告提交给主管。他联系的大多数人都同意参与。

与此同时，该部门主管还邀请了十多位自己非常敬重的专业领域的泰斗级人物来到总部与他会面，以丰富他对这件事的看法。主管认为，此次会议十分成功。部分与会者自愿利用自身的专业人脉网络，进一步研究这一问题的某些方面。即使是那些没有参加后续活动的科学家，也在本次会议中做出了积极贡献，而且表示如果有需要，他们愿意再次会面。会议期间，主管做了详细记录，接下来就是等待副主管团队的调查结果了。

向指派任务的高级官员报告前的几周，部门主管要求副主管团队提供一份书面调查报告，副主管团队已经提前准备好了这份报告。在与副主管详细讨论了几个小时后，主管将副主管团队的成果与他在会议中的收获进行整合，制成了幻灯片，随后汇报给了高级官员。汇报很顺利。高级情报官员了解了他期望了解的大部分情况，并建议主管接下来开展一些后续工作。主管将这一消息告知副主管团队，副主管也和他一样，对取得的结果感到高兴。

## 析出团队

有时，为疑难问题研发一种创新的解决方案，最好是由一个在常规组织之外运作的小规模、多样化的小组来完成。例如，解决一些诸如怎样持续地从某些具有挑战性的区域提取特定数据的问题。析出团队是由特别情报机构创建和支持的众多工作团队之一，创建该团队是为了处理之前无法解决的具体问题。

早在析出团队成立之前，特别情报机构的工作人员就与政府赞助商合作，合理规划团队任务，挑选团队领导者，确定候选成员。一名刚退休的高级官员应邀担任团队领导者后，便与工作人员开始商讨可以邀请哪些人加入团队。毫无疑问，只有那些在问题领域专业水平较高的人才有资格加入团队。但仅仅拥有技术资历还不够，候选人还需要在其之前的工作中证明自己不仅热衷学习，还很尊重与自己专业能力不同的人。

最终，有12名成员成功入选。他们从各自的日常工作中抽身出来，加入析出团队，随后便了解到团队的具体目标和最后期限：他们要为政府赞助商准备一份简报及一份书面文件，完成任务的时间不超过六周。此项工作将在非办公场所完成，在此期间，成员不允许偷溜回办公室，因为这项任务要求成员专注、全力地投入工作，必要时，成员之间需要相互协作。对于这类任务的本质，一位工作人员说："我们都对某件事情感叹过，'如果我有时间一心扑在这件事上，我将取得什么样的成就啊！'现在机会来了。这就是你要做的那件事，是你的产品，你所创造的工作成果完全可以与众不同。"

团队的启动是经过精心设计的。首先，团队领导者要求每名成员采访另外一名成员，尽可能多地了解对方与析出问题相关的特殊能力，然后与团队的其他成员分享这些信息。接下来，团队领导者强调了跨专业领域合作的必要性，他告诉成员，如果能充分利用队友的知识、经验和技能，将学到很多东西。他说，过分注意其他成员加入时的身份只会妨碍团队合作。这句话正中一名成员的要害，他曾对一位来自一个与自己关系紧张的机构的队友说："我职业生涯中的大部分时间里，都在躲避你这样的家伙。"这一观点激起了广泛的讨论，大家就团队成员能从彼此身上学到什么，如何将所学用在析出问题的处理上等问题各抒己见。

启动会结束时，成员对团队任务有了透彻的理解，对团队的各项资源也有了充分的认识，并就指导团队工作的基本行为规范达成了共识。在接下来的几天里，团队内部自行确定了子任务和完成它们的子团队，各项工作稳步推进。任务执行期间，工作人员偶尔会向团队提出挑战，比如，让

第 4 章　创建真正的团队，为攻克难题做好准备

其从不同的角度考虑问题，或者提供一些看似无关的信息，但这些信息不时地会激发出一些新的思维方式。当成员遇到特殊问题时，他们会联系自己职业圈里的人脉寻求帮助。这时，团队会获得来自外部的额外贡献和新鲜视角。

尽管起步很快，但析出团队多次陷入死胡同，它发现自己又绕回到已经解决的问题上。最终，在六周任务期进行到一半时，沮丧的情绪蔓延开来，团队经历了巨大动荡。虽然应对团队的众多问题对所有人而言都十分痛苦，但成员最终找到了解决问题的新方法，并重组了团队。在那之后，团队中的每个人都专注于任务的执行，并在截止日期前的最后一刻完成了简报和书面报告。

## 真正的团队必备的 3 大特征

尽管以上提到的两个团队都完成了工作，但作为团队，它们几乎完全不同。通过上述分析我们发现，应对新兴威胁的团队成员身份并不明确，也许将他们视作两个子团队更为恰当。回复副主管电子邮件中的问题的这群人，他们显然属于第 2 章介绍的共事群体，即成员生成个人成果，副主管随后将其整合。而参加主管总部会议的资深专家，显然属于外科团队一类，即所有成员的投入都旨在协助对最终结果负责的主管一人。

由于高级官员认为主管的简报很有帮助，这意味着在第 3 章提到的团队有效性的第一项标准，即客户满意度方面，应对新兴威胁的团队得分较高。但在第二项标准和第三项标准上，应对新兴威胁的团队的两个子团队均表现不佳，团队在完成任务后并没有变成更强大的绩效单元。它们也不可能有这样的变化，因为副主管的团队成员甚至从未见过面，而那些资深

专家也只是开了一次会而已。个人参与者在此期间似乎也没有学到什么，因为副主管团队的参与者只是提供了自己的意见却从未听过别人的意见，而主管召集的这些资深专家也没有足够的时间在一起相互学习。

相比之下，析出团队的成员身份明确。此外，析出团队成员为实现集体担责的共同目标相互扶持，并且在团队六周的生命周期中密切协作。评估该团队的有效性需要进行一些推理。我们知道，这个团队按时完成了简报和书面报告，但因为缺乏客户反馈数据，我们无法确切地评估其在有效性的第一项标准上的表现。然而，很明显，析出团队在有效性的第二项标准和第三项标准上表现不俗：在六周结束时，团队作为绩效单元，比之前更强大了。另外，团队经历也确实有助于个体成员的学习和发展。

总之，与应对新兴威胁的团队相比，析出团队更像一个"真正的"团队。这是因为，析出团队有清晰的边界，以区分成员和非成员；团队成员为集体担责，他们在产出最终成果的过程中能够相互协作、互相依赖。另外，析出团队的成员构成相对稳定，这让成员有时间和机会学习如何更好地共事。正如我们看到的那样，这3个特征能有效地促进团队合作。

## 特征1：清晰的边界

为了更好的共事，团队成员需要清楚队友都有谁。如果团队边界过于模糊，必然会招致一些麻烦。比如，团队成员和外部人士都无法区分哪些人为团队结果担责，哪些外部人士可以通过不同方式帮助团队达成目标。

拥有一个界限分明的团队并不意味着成员必须在同一时间、同一地点完成所有工作，也不意味着团队不能随环境变化更换成员，更不意味着团队成员只能利用自己和其他成员的个人专长。**拥有清晰的边界，仅仅表示**

**团队成员知道队友都有谁**。令人震惊的是，这点看似简单，很多团队却做不到。组织心理学家克雷顿·奥尔德弗（Clayton Alderfer）用"约束不足"一词来描述这样的社会系统：成员是不确定的，边界具有可渗透性，以至于不断有人进出。奥尔德弗发现，此类群体有可能"完全陷入环境动荡之中，并失去一致的身份认同感和团队凝聚力"。一个约束不足的团队几乎不可能制定和实施一个清晰的绩效策略。

情况也可能相反。奥尔德弗将边界密不可透的团队称为"过度约束"系统。这类团队的成员通常拥有明确的团队身份，且这类团队往往会发展成一个具有高度凝聚力的单位。高度凝聚力通常被视为帮助团队达成目标的一种积极状态。这种观点也可以理解为：当一个人同时体验到高度凝聚力和团队有效性时，不禁会假定前者是后者的成因。但事实上，情况可能恰恰相反，即良好的绩效会产生团队凝聚力。

此外，凝聚力也有其不利的一面。毫无疑问，与过度约束的团队相比，有凝聚力的团队能更好地协调和管理成员的行为。有凝聚力的团队通常会过度要求成员间的一致性，而其成员因高度重视队友的认可，所以倾向于服从。这类团队可以产生充满活力、专注的团队行为。但凝聚力过高的团队可能会过度聚焦于团队内部，以至于忽视了潜在的重大环境变化，他们往往不会参与情报工作中至关重要的跨组织交流。另外，也许更重要的是，高度的凝聚力有时会阻碍团队学习及纠正错误，导致欧文·贾尼斯在其关于群体思维研究中所描述的类似惨败。

事实上，凝聚力既不像群体思维模式认为的那样致命，也不像非专业人士和一些学者偶然提出的那样有利。是否有可能在发挥凝聚力优势的同时，避开其可能出现的不利一面？这与团队凝聚力的基础有关。将成员紧密联系到一起的，如果是维持团队和谐和建立良好人际关系的共同愿望，那么凝聚力出现不利一面的风险就很高；如果源于对完成团队任务的共同承诺，那么这时的凝聚力就可以释放团队成员的活力和潜能，创造松散群体永远无法企及的协同效应。

因此，要管理好团队边界，需要在松与紧之间找到平衡。约束太少，团队内部必然会产生混乱；约束太多的话，团队又会聚焦于内部，忽视外部的变化和存在的机会。能够在松紧之间做好平衡的团队，往往会有足够的凝聚力来支持其成员度过艰难时期，而又不至于太过关注内部的和谐一致，从而影响团队绩效。

### 特征2：成员互相依赖

真正的团队能凝聚成员的精力和才华，实现某些共同目标。这一特征能让人一眼辨别出某个团队是像析出团队和PLG模拟演习中的红队那样真正的团队，还是仅仅像应对新兴威胁的团队那样同步执行各自任务的共事群体。二者之间的区别，不在于团队成员是否相互依存以获得某种回报（如团队的每个成员都根据其独立贡献的简单总和获得认可），而在于任务本身要求成员互相依赖，从而共同产出集体产品、服务或决策。

在迈克尔·奥康纳和我对美国的6个情报组织的64个分析单位的研究中，清晰地展现出团队成员互相依赖的好处。我们观察了每个参与研究的团队，从它们的成员那里收集了相关数据，并对每个团队的绩效情况进行了多属性的测评。对于研究中的所有团队，我们依据是个体成员还是团队整体对绩效结果负首要责任，将其分为共事群体和工作团队两类。我们研究的64个分析单位中，约59%是共事群体，约41%是工作团队。

如图4-1所示，在绩效有效性的综合测评中，工作团队的表现远超共事群体。让我们惊讶的是，工作团队之所以表现得更好，是因为与共事群体相比，工作团队的成员参与的同侪教练（peer-coaching，即相互教学）活动要多得多。而与我们在研究中评估的其他因素相比，同侪教练与绩效结果的关联性更强。显然，为实现共同目标产生的任务互依性（task interdependence），为团队成员相互学习创造了条件，这与其他研究结果相一致，团队成员间的任务互依性能促进他们相互学习。

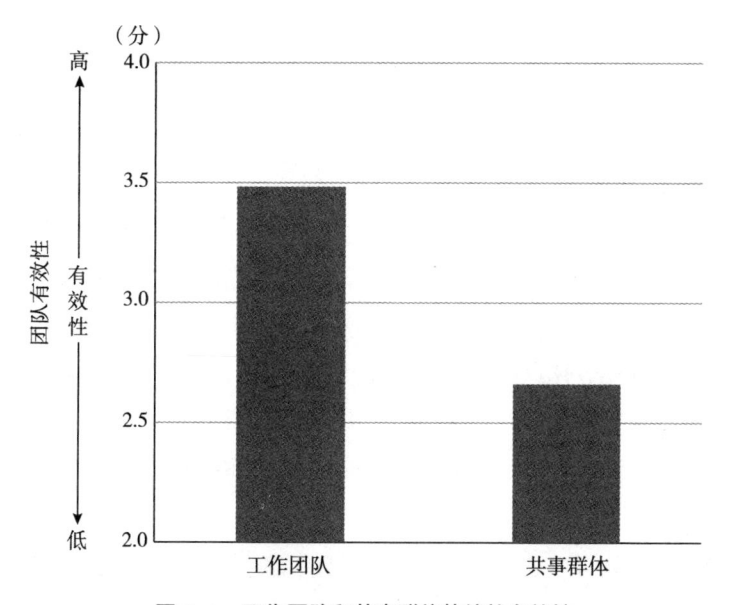

**图 4-1 工作团队和共事群体的绩效有效性**

资料来源：基于哈克曼和迈克尔·奥康纳（Michael O'Connor）2004 年的研究。

真正的团队，规模可大可小，职权可高可低，生命周期可长可短，成员地理位置可以相同或不同，执行的工作任务可以是许多不同的类型。但是，**如果一个团队规模太大**，或其生命周期太短，抑或其成员地理位置太分散，以至于他们共事时无法相互依赖，那么，团队有效性将无从谈起。

## 特征3：团队构成稳定

传统观点认为，团队成员待在一起的时间越长，其生存能力和绩效表现越差。尽管在团队生命周期早期，稳定的团队构成可以让成员更好的共事，但是，这种绩效表现上的改善很快会停滞。然后，从某一刻开始，成员之间开始变得过于融洽，行为标准的执行也过于宽松，且很容易原谅队友的过失。因此，为了保持团队的新鲜感和敏捷性，最好能有持续的成员流动。

实际上，传统观点是错误的。研究显示，与那些需要时常处理新成员的到来和老成员离开的团队相比，成员稳定的团队更有活力，表现也更好。例如，对美国国家运输安全委员会各项记录的分析显示，73%的事故发生在机组人员一起飞行的第一天，而这其中的44%恰好发生在机组人员休息后的第一次飞行时。这些发现在一项实验模拟中得到了扩展。实验中，与那些充分休息后再出发的机组人员相比，已经飞行了多天且疲惫不堪的机组人员发现和纠正的失误更多。在诸如挖矿团队和施工团队等团队中也有类似发现，这类实地研究发现也在实验室控制实验中得到了验证。

稳定的团队可以表现得更好的原因有很多。团队成员彼此熟悉，他们对工作环境也十分熟悉，能更好地适应并专注于工作，而不用浪费时间和精力去适应新同事或新环境。随着时间和经验的积累，团队形成了一种绩效情景下的共同思维模式，与成员最初的个体思维模式相比，这一模式更加综合。他们组建了一个共享的知识库，将所有成员各方面的专长集中到一起，让团队能适时地运用相关成员的知识和技能。同时，团队一旦步入正轨，成员之间就会逐渐形成对团队的共同承诺和相互关爱的氛围。

以上研究发现对研发团队而言似乎不太适用。组织研究人员拉尔夫·卡茨（Ralph Katz）发现，当团队成员共同工作约 3 年时，这类团队的效率达到顶峰，之后便开始下降。对于从事科技工作的团队来说，适度的人员流动确实有帮助，可能是因为新成员会带来团队之前很难接触到的新观点和新视角。

有一点我们需要意识到，稳定的团队在执行标准任务时，团队成员有可能变得太封闭，太过依赖例行程序。在成员构成长期保持稳定的团队中，成员达成绩效标准是必然的，但团队生命周期长久的好处可能会被意想不到和未被察觉的环境变化所抵消，因为这些变化会使团队的标准绩效策略变得不再合适。即便如此，上述发现仍然有效，值得团队的设计人员投入更多的关注。

可以肯定的是，让团队成员团结在一起总能带来不小的好处，无论是在团队绩效方面，还是在团队能力建设方面，抑或是团队成员个人的专业持续发展方面，情况都是如此。

随着许多组织的运行方式越发网络化，保持团队稳定变得越来越难。这就如同人们在湍急的河流上随船漂流一样，在此期间，不时有人跳上船加入团队，也不时有人跳下船离开团队。团队应对这类情况的一种方式是，创建一个核心团队，确保团队中的这群人能在一起待上一段时间。核心团队成员负责管理其他成员的进出，并确保团队的目标、价值观和工作策略不会随着团队的不断重组而走样。

毫无疑问，随着网络技术的持续发展，一定会有新的方法来应对团队成员流动性持续上升的情况。但是无论如何，团队有效性在很大程度上取决于这些人是否有足够的时间在一起学习与更好地共事。

## 把握真正的团队重要意义的两大维度

创建一个真正的团队需要思考、时间和努力，就像特别情报机构的工作人员组建析出团队时一样。难道没有一种更简单的方法在保留团队合作好处的同时，能最大限度地减少团队失败的概率吗？近些年，一些可能的方式引发了广泛关注，其中包括众包和集体评估，这些内容在第2章中有过描述。这两种方式以及今天不断涌现的许多其他问题解决方案，都有一个共同愿望：从个体的独立贡献中产出高质量的群体成果。

这一逻辑非常具有诱惑性。也就是说，如果蚂蚁和蜜蜂不必参加无休止的会议就能取得集体成果（事实上也确实如此），那么人类必然也可以。因此，我们有了像《群体的智慧》（*The Wisdom of Crowds*）这样的畅销书。这本书告诉我们，普通人的集体判断可能比经过高水平专业训练的专家的谨慎评估更精准。大量的市场预测技术如雨后春笋般涌现，它们的预测有时与专家的相悖却更准确。这个时代似乎不是做专家的好时机。

让我们来了解一下其中的原因。《群体的智慧》一书中最经典的案例是，在一个美国集市的小摊上估算一个坛子里豆子的数量。根据规则，猜测的数量最接近实际数量的人获胜。但是令人震惊的是，将所有路人的猜测取平均值后，得到的数值与实际数量是如此接近。"估豆"是心理学家伊万·斯坦纳（Ivan Steiner）所说的补偿任务的一个实例。在补偿任务中，个体在某一方面的误差（如预估过高）会被其他人相反方向的误差（预估过低）所抵消。只要受访者数量足够多，个体的预测完全独立，且每个预测都包含一部分真相，总体的平均值就会非常准确。

当以上这些条件无法满足时，群体估计可能会出现严重错误。此时，人们可能被无知和偏见吞噬，而不是获得群体智慧。例如，假设你询问一个族群的成员,与其有冲突的族群对他们族群实施敌对行为的可能性有多大。这时,受访者的平均估值将被夸大,甚至远超事实。这是为什么呢?当群体间冲突的动力发挥作用时,群体的每个成员都会分享并强化对另一方意图的负面看法。因此,绝大多数受访者将在同一方向上产生误差(过高预估),这就意味着这些误差将会累积而不是相互抵消。由于这已经违背了补偿模型的假设,此时群体估计将产生系统性误差而非接近真相。

此外,暴民、恐慌和骚乱等社会形态,表达的似乎是群体的疯狂,而不是他们的智慧。此类社会形态一旦启动,情绪传染的力量将会强化这种疯狂,而不是纠正个体的认知和行为偏差,这将导致集体灾难。假如你预测一般市场与金融市场一样容易受到泡沫的影响,当泡沫形成时,补偿模型就会失效。

在情报专家的工具箱中,预测和解决问题的最新技术无疑应有一席之地。但这些技术应该作为团队协作的补充而不是将其取而代之。第1章 PLG 模拟演习中的红队就生动诠释了这一点。无论是从洞见上,还是适应性上来说,精心设计和领导有方的专家团队,确实能够取得将问题外包或简单地将个体贡献相加所不能及的成果。除此之外,和他人共同深入思考情报问题,还有很多值得讨论的地方。

过度依赖完整的内部专家团队与相对机械地借用技术和程序的帮助,两者之间存在中间地带。例如,开源编程和维基百科都充分地利用了信息技术来帮助专业人员汇集、提炼和分享知识。它们能够适当地协调、衡量那些拥有完成集体任务所需知识或技能的人的贡献。通过这种方式,它们可以最大限度地降低汇聚无知、产生误差、扩散偏见的可能。尽管开源编程、维基百科、在线游戏等往往被认为对所有人都是完全开放的,人们在这里可以各做各的,但事实上,它们还是会倡导使用者积极合作,这时常会让非专业参与群体在能力上有所发展。

此类技术密集型工具应避免出现两种极端的情况：一种是"教堂"模式的合作（由于仅限指定的内部人士参与，存在与外界隔绝的风险），另一种是"集市"模式的合作（向所有人敞开大门，无论是专家还是非专家都可以参与，这会带来混乱）。与这两种极端的合作模式不同的是，此类工具使对问题真正有所了解的人能与他人高效合作，创造并完善真正的集体成果。

真正的团队，无论是面对面的还是分布式的，无论其成员间是否实时互动，对那些需要成员互相依赖、协同共事以创造集体产品或服务的任务来说，它们都是最有效的。从析出团队和PLG模拟演习中的红队身上我们看到，一个成功的解决方案，需要一组不同的专家广泛利用彼此的知识、技能及经验，产生单个成员无法提出的创新想法。

许多团队在工作时需要运用高水平的专业知识，这种情况下，创建一个真正的团队，并为该团队提供良好的支持很有必要。这种支持不仅仅是指为团队分配人员，用一位团队领导者的话说，其关键之处在于"让他们解决细节问题"。正如接下来的章节所述，一个真正的团队想要发挥作用，还需团队创建者谨慎设定团队目标，挑选合适的团队成员，建立指导团队行为的行为规范，并提供团队所需的组织和领导支持。

## 克服障碍，跨越创建真正的团队的两大挑战

创建一个真正的团队就像给建筑物打地基。如果地基结构精良且异常牢固，建造者就有信心继续建造其余的部分。如果地基结构不当或不够稳

固，建筑就永远达不到其应有的坚固程度，并且此时可能需要寻找其他方法来弥补其本该具有的部分功能。工作团队也是如此。如果一些现实因素让工作团队无法打下坚实的基础，也就是说，不可能创建一个成员相对稳定、边界相对清晰、成员为某些共同目标而相互依存的团队时，那么，你可能需要找到别的方法来完成工作。**放弃团队合作所带来的任何想象中的好处，通常要比冒因团队设计拙劣而出现各种机能障碍的风险更明智。**

情报界在创建精心设计的工作团队方面面临着特殊的挑战。如今，情报工作逐渐由分散在不同地区的专业人员来完成。这就面临着一个挑战，团队成员之间面对面的互动正在被电子通信技术所取代。那种只需要一名分析师在大厅里与同事协商的"人工传递网"，正在被电子邮件、聊天室、视频会议、维基百科以及其他正在发展的新技术取代。另外，在团队成员工作地点较为分散的情况下，即使借助先进的电子技术，想要很好地管理团队过程也是一个相当大的挑战。

另一个挑战是，如何在不断变化的组织环境中保持适当的团队稳定性。例如，考虑一下，在一个反恐团队中，要保持稳定可以采取哪些措施？该团队的职责从收集信息、分析信息到实施干预行动，这些职责如今被分散在不同的团队和组织中。应该如何组建和管理这样一个团队，使其能够准确地获得完成各阶段工作所需的能力，而不至于让一些团队成员在不需要其特殊贡献时袖手旁观呢？

一般来说，在一些情报团队中，人力资源政策和实践造成了几乎持续不断的团队成员流动的情况，对此我们应该做些什么呢？对于一个任务周期相对较长的团队而言，应该如何处理与工作计划密切相关的人员调动、晋升或改任问题？本章之前提到的创建一个核心团队的建议，在组织和政治层面是否可行？创建第2章提到的沙丘团队呢？沙丘团队的群体目标和运行程序建立和维持在单元层面上，随着环境的变化，不同的团队可以在该单元内组建或重组。这样的团队，在人员流动已是常态的情况下有用吗？或者，对团队领导者进行特定培训，教他们如何向团队恰当地引荐新成员、告别即将离开的老成员，这样的培训能帮助团队在大环境不断变化的情况下，获得团队稳定带来的好处吗？

从依靠在功能明确的组织中运行的共事群体，发展到依靠跨职能、跨学科和跨组织边界的真正的团队，在当前阻碍团队功能的政策和实践中寻找到解决问题的方法将变得越发重要。我们希望团队领导者最终不仅能培养出创建和支持真正的团队的技能，还能具备迅速组建和启动团队的能力，因为当团队面对突发情况或危机事件必须立刻采取行动时，这种能力是最重要的。

### 创建真正的团队必备的 3 大特征

- 要让团队有清晰的边界，让成员知道队友都有谁。
- 要让团队成员之间相互依赖，共同产出产品、服务或决策。
- 要构造一个成员稳定的团队，或让团队拥有一个由核心成员组成的群体。

COLLABORATIVE
INTELLIGENCE

第 5 章

设定富有感召力的团队目标，
为解决难题指明方向

## 第5章  设定富有感召力的团队目标，为解决难题指明方向

在设定团队目标时，领导者可能会犯类似下面两个场景中的错误。场景一："这个地区目前出现一些问题，希望大家了解一下，然后给我一些意见或建议。"场景二："我希望你 24 小时全程监控这些港口的船只进出情况，每天早上给我一份前一天所有船只运转的清单。"

以上两个场景有何问题？在第一个场景中，描述的是一种心理投射实验，名叫罗夏墨迹测验（Rorschach inkblot test）[1]。团队成员必须猜测团队领导者对哪一方面最感兴趣，而他们的猜测不一定准确。事实上，领导者本人可能也并不完全清楚自己需要什么，也许是因为他们事先对此并未进行深入思考。领导者的这一目标设定不仅对团队毫无帮助，还可能使情况更糟。例如，领导者可能会告诉团队成员放手去做"任何能提高国家利益的事"。这就像一张没有墨水的墨迹测验图，对团队成员搞清楚要做什么及怎么做没有任何帮助。我认为，对许多此类团队来说，问题不在于成员自行决定朝着一个失败的方向前行，而在于为团队指派任务的领导者根本没有明确团队目标。

---

[1] 该测验还是非常著名的人格测验，通过向被试呈现标准化的由墨渍偶然形成的模样刺激图版，让被试自由地看并说出由此所联想到的东西，然后将这些反应用符号进行分类记录并加以分析，进而对被试人格的各种特征进行诊断。——编者注

第二个场景中的问题几乎和第一个场景完全相反：团队目标清晰、明确，但很无趣。在这类情况下，团队成员对团队领导者的需求非常清楚，他们唯一需要做的就是按具体指令执行。事实上，这个团队成员的职责是管理数据流。团队领导者明知在某些情况下，信息技术完全能以更低的成本和更可靠的方式完成同样的工作，但他还是选择通过创建一个团队来完成这项工作。他可能并没有考虑到，团队成员在执行此类单调乏味的任务时，有时会觉得无聊，会分心，甚至会睡着，但相比之下，计算机不会。

## 富有感召力的目标必备的 3 个特性

设立一个好的团队目标，就如同在上述两个场景中规划出一条路径，即找到一种框架和沟通工作的方式，既能为团队指明正确的方向，又能让成员充分参与其中。研究显示，无论是高级经理团队，还是一线团队，抑或是介于这两者之间的任何团队，最好的团队目标往往具有 3 个特性：目标必须清晰，富有挑战性，对取得某些更大的目标具有重要意义。

PLG 模拟演习中的红队和析出团队的目标都是清晰、富有挑战性和重要的；但 PLG 模拟演习中的蓝队和上一章提到的应对新兴威胁的团队的目标却并非如此。本章开篇描述的两个团队的目标又如何？第一个团队领导者，为团队制定的目标完全不清晰，但具有挑战性（弄清楚要在白板上写什么东西，通常都很有挑战性）。相比之下，第二个团队领导者，他为团队制定的目标非常清晰，但完全没有挑战性。这两位领导者，都没有就团队工作的重要性做出解释，成员对此一无所知。在说明团队目标时，能兼顾以上 3 个特性的领导者，通常能更好地服务团队。

## 特性 1：目标清晰

清晰的团队目标能指引团队朝着它前进。因此，在团队成员评估和选择工作后续备选方案时，它的作用至关重要。团队成员在执行任务的过程中，往往会面临无数选择，具体、清晰的团队目标将有助于他们做出决策。就像计划一场远足旅行时，如果我们预先清晰地知道目的地，就更有可能做出好的决策，选出到达目的地最合适的路径。

诸如"服务客户"或"处于行业领军地位"之类目标，由于太过模糊和笼统，所以它们对团队制定与任务相匹配的绩效策略帮助不大。尽管领导者很有必要事先想清楚自己希望团队取得什么样的成果，但有些情况下确实很难做到。比如，有些外部环境本身非常模糊，以至于即使思考再多，也难以明确团队的具体目标。这种情况下，团队领导者能做些什么呢？一种可能是，将设置团队目标的过程分为两个阶段。第一阶段的团队目标是熟悉团队环境，弄清有哪些值得特别注意的地方。当第一阶段圆满完成之后，团队领导者和成员重新聚集在一起，来决定是否需要进入第二阶段。如果确认进入第二阶段，那么这时就需要确立新的团队目标了。在这种情况下，团队目标并非一开始就清晰明了，而是在团队领导者和成员的共同努力之下逐渐清晰起来。

有时，团队目标的问题不是太模糊，而是太具体。当团队目标被描述得异常详细时，团队成员几乎无法在其中添加自己的理解，这就使他们无法将团队目标内化为自己的目标。意义构建是"认同"一项工作的一个基础环节，而对团队目标过于详细的表述会消除这一环节。因此，优秀的团队领导者往往会用略微模糊的词汇来表述团队目标，尽可能用陈述、类比或比喻等修辞手法来表达重点。相比于任何具体的量化目标，这类语言技巧更能鼓励团队成员把自己的理解投射到正在沟通的团队目标上，并对寻求的最终状态形成自我认知。**一个良好的工作团队，其目标应该是清晰可感的，但同时又是不完整的。**

## 特性2：富有挑战性

好的团队目标不仅是清晰的，同时也需要成员通过努力才能实现。它们既不能因太容易达成而无法激励团队成员，也不能太苛刻而超出团队的能力范围。有研究发现，当一个人成功完成某项任务的概率为50%时，个人动机最强。没有证据表明，团队不符合这一研究结果。因此，团队目标设定者应在太难和太易之间找到平衡。要达到这一平衡，目标制定者需要对团队即将开始的工作和完成这些工作的团队成员足够熟悉，而对团队不熟悉或认为布置任务只需要从总部办公室发一份简报的人做不到这一点。花时间合理地设定团队目标，是对团队的一种尊重；随意、草率或通过远程控制发布工作任务，暗含了对团队及其工作任务本身的轻视。

团队目标富有挑战性的好处之一是，它使团队领导者摆脱了依靠个人魅力或绩效奖励来激励团队的手段，而这两种手段都会对团队行为和绩效产生意想不到的负面影响。例如，当团队缺乏魅力型领导者，或者将工作重心转移到任何绩效奖励之外的工作时，成员的工作动力就会大幅下降。相比之下，富有挑战性的目标可以让成员在共同努力以达成该目标的过程中自我维持工作动力，这是内驱力在发挥作用。

团队目标不一定是团队成员自己会选择的目标，也不一定是一眼看上去就很重要的目标。如果团队领导者在设定团队目标时强调团队的任务是完成政策制定者所需的高质量报告，该任务可能会面临巨大的挑战，那么即使是追踪世界偏远地区经济发展的缓慢变化，也可能成为一项富有感召力的团队任务。富有创造力的团队领导者往往能制定激发成员内在动力的团队目标，即便是在完成那些团队成员起初可能不感兴趣或持怀疑态度的工作时。

## 特性 3：具有重要意义

相比于一项意义不大的工作，对他人或对实现重大组织目标有明确影响的工作，更有可能激发团队成员发挥其才能。当一个团队的目标至关重要时，团队成员会倾其所知所会，帮助团队取得成功。他们也愿意合理地评估其他成员的贡献，并在判断究竟最应该听谁的建议，或者主要靠谁来完成任务时，更依赖于队友的专业知识和技能，而不是关注诸如职位、性别或工作量是否平等等与团队目标无关的属性。在决定团队胜败的关键时刻，团队领导者会派出最合适的成员并给予支持，这些成员会竭尽所能来完成团队目标。

许多团队的工作都具有相当重要的意义，团队表现如何，会对成员及客户非常关心的事情产生重大影响。专家型团队领导者会基于这一事实，向团队成员强调工作的重要性。他们从不使用我所说的"宫殿技巧"（temple ploy），即采用修辞手法描述团队目标，使其看似比实际更重要。如同某个虚构的故事中，领导者将搬砖的工作描述为"建造一座宫殿"来激励搬运工人，而他们每天的实际工作就只是搬砖而已。**在许多情况下，正确的领导行为是重新设定团队的工作目标，使其更重要，而不仅仅是将其描述得看似更重要。**

## 3 个特性必须同时具备

一个富有感召力的目标是清晰的（能指引团队），富有挑战性的（能激励团队），具有重要的意义的（能充分利用团队成员的才能）。这 3 个特性能强化彼此的作用，例如，一个富有感召力的团队目标除了可以提升团队成员的动力，还能充分利用团队成员的才能。只有这3个特性同时具备，任务执行团队才能发挥出最大优势。

试着为你目前所服务的或你可能正考虑创建的团队做一个小小的思维实验。测测看，这个团队目标在表5-1总结的3个特性上评分如何？可以采取哪些措施来提高团队目标在这3个特性上的评分，这样做的效果如何？如果降低团队目标的清晰度、挑战性或重要性，你预计会出现什么样的结果？

表 5-1 团队目标评价维度

| 特性 | | 效果 |
|---|---|---|
| 清晰度 | → | 指引团队 |
| 挑战性 | → | 激励团队 |
| 重要性 | → | 利用成员的才能 |

当领导者考虑创建一个团队时，应首先确定团队目标。因为其他的领导决策及团队实践都要依据团队目标，例如，团队结构如何、需要什么样的组织支持，以及最有效的教练辅导类型。事实上，通过为团队设立一个富有感召力的团队目标，团队领导者可以大幅减少在实时管理团队过程中的精力投入。与那些团队目标太模糊或太具体的团队相比，拥有精心设计的团队目标的团队更可能有效地管理其团队过程。

## 找准焦点，确保目标方向正确

另外一个问题是如何在确定团队方向时找准焦点。在制定团队目标时，团队领导者是否应该主要关注要实现的目标和期望的结果？或者，

## 第5章 设定富有感召力的团队目标，为解决难题指明方向

根据好的过程会产生好的结果的假设，他们是不是应该强调团队完成工作的过程？

想要理解这些问题，可以参考图5-1。团队目标的最佳表述是，明确规定团队要取得的最终结果，但让团队自行决定取得结果的具体方式（图5-1中右上角单元格所示）。团队领导者在行使其权威来确认最终结果时，应坚定不移，不卑不亢。同样，他们要确保自己不对所有的执行细节进行过多的限制或干预。

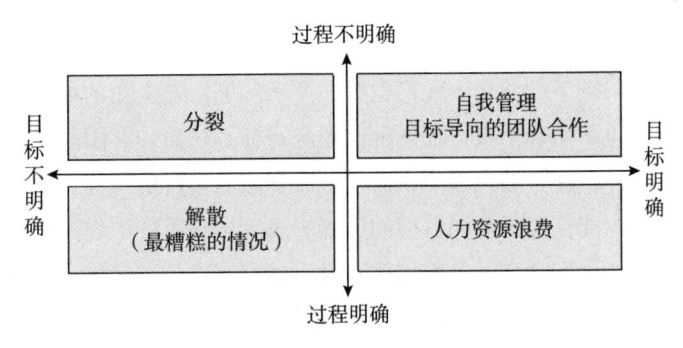

|  | 过程不明确 |  |
|---|---|---|
| 目标不明确 | 分裂 | 自我管理<br>目标导向的团队合作 |
|  | 解散<br>（最糟糕的情况） | 人力资源浪费 |
|  | 过程明确 | 目标明确 |

**图 5-1　明确过程或目标**

资料来源：基于《真高管》第3章的研究。

大量研究证实了关注目的而非过程的优势。例如，在一场扑灭森林大火的消防模拟中，与那些团队领导者下达了具体行动指令的团队相比，团队领导者只传达了应该完成的目标的团队表现得更好。这种对目标而非过程的关注带来了一些好处，它体现的是对团队能力的一种尊重，这就很好地平衡了团队领导者和成员之间的认知负荷。另外，它还允许团队更好地运用其成员的专业知识。类似地，在一项对在动态环境下执行创造性任务的团队进行的研究中，在问题识别和调整工作流程以适应环境变化上，那些注重结果的团队比注重过程的团队表现出了更强的能力。

事实上，当团队成员尝试以其他方式继续工作时，这一过程往往会加

深他们对团队任务的理解。并且，在这一过程中，他们甚至会提出一些团队目标需要阐明、细化和修正的地方，希望和创建团队的领导者共同探讨。

现在，我们来看一下图5-1中其他3个单元格。右下角的单元格，同时明确了目标和手段，减少了对团队成员的挑战。在这类目标中，团队成员关注的是眼前的过程需求，而非长期目标。这种做法最终会导致团队目标变为让执行任务的程序合规，从而取代了团队的真正目标。要求团队成员遵循既定的程序执行任务的最大弊端可能是，未能充分利用团队成员的知识、经验和技能。

图5-1中剩下的两个单元格也存在严重问题。左上角的单元格，既不明确目标，也不明确手段，是一种模糊的目标。这会使在团队成员试图弄清楚该完成什么任务的过程中，面临分裂和陷入混乱的风险。该单元格中的团队，很少能在实现共同目标的过程中表现出规范的工作流程。与情报界客户合作的咨询师和承包商团队有时会被归入这一单元格。当他们未被纳入相关工作环节时，即使是获得了高级许可的咨询师也可能无法知道自己所做工作的用途。

左下角的单元格，明确了手段而非目标，这是所有可能情况中最糟糕的一种，是那些完全不知道团队该做什么，但感到有必要对团队行为进行个人控制的领导者的最后手段。他们写了一份又一份备忘录，发布了一项又一项指令，结果都以团队再一次表现欠佳而遗憾收场。

## 导致团队偏离目标的两个原因

通过我对情报领域中的团队的观察，符合图5-1模型的团队，其描述和现实之间有差别。这种差别在于，我已经和许多该领域的领导者讨论过这这一模型，还没有人认为右上角的单元格对情报团队来说是个不好的选择。但与此同时，当实际组建团队时，我发现有两种相当强烈的倾向，最终使团队远离了右上角的单元格。

## 原因1：放弃领导

第一种倾向是移到左边的单元格，即团队领导者既不指定具体的团队目标，又不明确实现目标的过程。这就是"团队将搞定一切"的领导哲学，事实上，这是一种放弃领导的哲学。对于领导者团队或高级专家团队而言，这一现象非常普遍。他们错误地认为不需要明确描述团队目标。"我们是经验丰富的专家，"他们说，"所以我们能搞定，不必把我们当成新手对待。"而团队的创建者通常是一位更高层级的领导者，他有时也会因随大流赞同某一观点而犯同样的错。

在为一个由领导者或高级专家组成的团队设定一个富有感召力的目标时，确实存在一些特殊的领导力挑战。问题不在于团队成员的职级或经验，而在于此类团队相对于大多数其他团队来说，拥有更多管理自身事务的自主权。具体来说，他们不仅要对执行的工作负责，也要对塑造的团队目标负责。但团队成员通常并不认可这一点。他们假定大家对应该做什么有共识，但并没有相互确认。当这一假设不成立时（通常情况下都是如此），就会出现分歧，让所做的工作都白费。

对领导者团队和专家团队而言，首要任务是降低与目标相关的问题发生的可能性。其中的一种方法是，对团队的主要目标做一致声明。仅仅是这一简单的做法，就能够极大地降低专业团队陷入茫然不知所措而无法顺利推进工作的可能性。高级团队同一线团队一样，也需要富有感召力的目标。只是，他们可能还需要一点帮助来认识到这一点，并且需要一点鼓励，来让他们花些时间与存在的目标达成一致。

### 原因2：命令

第二种倾向是向下方的单元格移动，即团队会同时指定目标以及为实现这一目标所采取的行动。分析团队结构化技术的运用就是一个很好的例子。对于那些拥有富有感召力的目标且有权对工作过程进行独立决策的团队而言（图5-1右上角单元格的团队），可以选择如此多样的分析过程本身就是难能可贵的。但是，如果团队被告知何时使用哪种特定的技术，那么它就不能再根据分析任务的特性灵活调整绩效策略，这会打击团队的积极性。

具有讽刺意味的是，矩阵中的这一"下行"趋势最常出现在团队目标紧急或重要之时，比如要处理一场紧急危机时。传统观念认为，自我管理团队在日常运营时可能管理得很好，但对于危机管理，还是需要集中的运营控制。即使不是在现实工作中，你肯定在电影中也看到过这样扣人心弦的画面：负责人坐在危机指挥中心办公桌的最前面，听取四周各部门的报告，并对各部门下达接下来的行动指令。

事实上，出色的危机管理要求现场团队不仅拥有清晰的团队目标，还要有实时应对急剧变化的现场环境的回旋余地（图5-1右上角单元格）。因此，团队领导者必须确保团队目标清晰且被充分理解（危机期间，挑战性和重要性不再是问题），然后为团队成员提供成功应对正在发生的危机所需的各种支持和资源。此时，想要通过远程控制来进行危机管理是非常困难的。

## 步步紧扣，让目标与实际工作紧密相连

目标是第一位的。但要使一个富有感召力的目标发挥出最大作用，团队目标就必须和团队的实际工作紧密联系，也就是弄清楚团队需要做什么

以及由谁做。否则，团队目标就仅仅是一个抽象概念，或许值得赞赏，但没什么实际用处。

## 团队任务

团队目标主要是关于任务结果状态的，而团队任务主要是关于工作本身的，也就是团队如何管理和利用资源以实现目标。在这个前提下，如果团队任务设计合理，就能够帮助团队更加顺利地达成总目标。如果不合理，团队则可能会被与团队目标无关的活动所牵制。

20世纪中叶，在"科学管理"主宰着工业设计思想的时代，任务被分解成小块，并尽可能地被简化。这样一来，员工培训的需求量减少了，人员调岗变成了可能，就像标准化零件在生产机器上被换来换去一样容易。尽管这一团队设计和人员配置策略在理论层面十分完善，但在实践中产生了许多意想不到的和有害的后果，如员工和管理层之间紧张的劳务关系、质量问题、普遍存在的员工疏离感，以及监管和协调员工活动的额外管理成本。最终，科学管理受到另一种管理哲学的挑战。在这种管理哲学中，组织成员被赋予半自主的责任去完成一项整体且有意义的工作，消费者或客户直接将意见反馈给生产者，而不是经理或品控部门。在现代组织中，仍然能够看到这种简化的工作设计。

为了说明这两种管理方法的差异，请大家先设想一项简单的生产任务，如生产烤面包机。在科学管理方法中，每个人负责整个任务的一小部分工作，如将电源线接到机器底盘上，并不断重复。在生产过程中，由一些人组装不同工人生产的部件，另一些人检验组装的成品，还有一些人负责包装，等等。在被"简化"的管理方法中，一个人（也可能是一个工作团队）将全权负责完整的烤面包机的生产，包括成品的检验和运输。同样的差异也存在于情报工作中。例如，将仅仅记录船只动态的任务与准备一份对潜在对手可能发动的军事干预的全面分析相比，后者难度更大、更有意义，在动机、团队成员能力的利用以及工作质量的提升上都更胜一筹。这也说明了对于情报工作而言，通过打破部门隔阂或官僚主义界限，创建由团队成员共同承担全部责任的、有意义的大型工作任务，是值得的。

对于精心设计的工作任务，一个关键指标是它能产生我和同事格雷格·奥尔德姆（Greg Oldham）所提出的内在工作动机。受到内在工作动机激励的员工在其表现好的时候会感觉很棒；而当事情进展不顺利时，他会感觉很糟糕。正是这种内在的感觉激发了动机，而非外部奖励或管理者的鼓励。大部分关于任务设计的早期研究都集中在个体员工完成的工作上，但实际上，精心设计工作任务的原则同样适用于团队任务。例如，以下是我从团队诊断调查[①]中提取出的 4 个关于团队内在工作动机的条目。请你在读这 4 个条目时，思考它们在多大程度上准确地描述了你所在的团队。

- 当团队表现出色时，我会有一种满足感。
- 当团队表现不佳时，我感觉很糟糕、很难过。
- 当团队表现出色时，我的表现也很出色。
- 我的感受不受团队绩效表现好坏的影响。（反向计分）

团队的工作任务设计得越好（团队成员对完成一项整体的、有意义并能获得直接反馈的工作集体担责的程度），团队完成任务的内在工作动机就越高。优化团队任务设计最有效的方法之一，是在团队和客户之间建立

---

① 团队诊断调查是我们开发的用于评估工作团队的目标和架构设计和动态机制好坏的一种在线工具。

第5章 设定富有感召力的团队目标，为解决难题指明方向

直接联系。然而，值得注意的是，在有些工作中，同时具备密切的客户关系和高水平的职业操守是非常有挑战性的。

在前文提到的我和奥康纳的研究中，那些工作经过精心设计的析出团队比相同机构中的共事群体得分更高；在 PLG 模拟演习中，一项针对红队（工作任务设计良好）与蓝队（工作任务设计有时不够理想）进行的分析，得出了类似的结果。因此，有必要认真思考如何设计团队任务，确保其与整体目标保持一致时，任务本身还能为激发团队内在工作动机创造尽可能多的机会，进而提升团队绩效。

## 团队成员

当团队的工作任务设计出色时，团队成员会认为自己做得越好，学得就越多，寻求更大挑战的机会也就越多。有时，内在工作动机可以自我维持，形成一个良性循环。然而，并不是所有人都会对精心设计的工作任务做出积极响应。一方面，如果一个人不具备完成工作所需的足够多的知识或技能，那么就会形成一个向下的动机螺旋。我们来回顾一下评估内在工作动机的条目与之类似：当我做得好时，我感觉很棒；做得不好时，我感觉很糟糕。因此，如果我不具备能很好地完成工作所需的条件，那么，我更多的是会感觉糟糕，这是很多人对项目失望并最终选择退出的一个原因。此外，那些在我和奥尔德姆所说的"成长需要力量"方面得分较高的人，与那些在职业发展上没什么需求、更在意个人安全感与和谐的同事关系的人相比，前者对执行富有挑战性的工作更积极。后一类人，根本无法像其他以成长为导向的同事那样，从实现一个富有挑战性目标的过程中获得动力。

对情报界而言，好消息是，该领域中的从业人员大多是专业能力极强的专家，至少他们在刚进入该领域时也会积极寻求继续学习和成长的机

103

会。团队领导者面临的挑战是确保团队用政策指导实践（包括如何设计和管理工作任务），不能扼杀这一星星之火。一位与我交谈过的高级官员表示："在所有新成员变得愤懑且失望至极，并从心理上想要退出团队之前，我们必须改变我们的运营方式。"这位官员的担忧不无道理。当团队成员在严密的监管下花费数月甚至数年完成简单或琐碎的工作，而这些工作对实际结果似乎没有丝毫影响时，他们确实容易崩溃、退出。创建一个团队，让他们完成重大且经过精心设计的任务，可以大大降低此类情况发生的概率。

## 完成工作的最佳方式

为团队设计工作任务，看起来违背常理。当领导者考虑完成一项工作任务的最佳方式时，他们通常更多地将注意力放在如何拆分任务上（将任务拆分后分给个体分别完成），而不是如何整合不同任务执行者的能力上。这一冲动，时常会因为以下几点得到强化：传统的固有观念；简单且被严格定义的工作会带来高效率的假设；通过人力资源实践，有利于明确个人任务，员工可以更容易地被挑选、培训、评估和奖励。

出于以上种种原因，情报界的大量工作总体上是按照科学管理的原则设计的。然而，当一项工作任务足够重要时，领导者有时确实会放弃传统的工作任务设计方法。例如，当创建反恐团队时，需要团队分析人员和执行人员跨越组织边界紧密合作，或者通过打破官僚主义的政策和做法来鼓励不同国家的安全专家一起合作。这些团队的职责被设计为执行非常时期至关重要的工作任务。设计精良的工作团队也能促进团队日常协作和学习。事实上，只要是在高压或快速变化的工作环境下，团队合作通常比传统方式更可取。

## 精诚团结，最大化发挥团队目标的力量

在本章结尾，我们一起来看一下，美国行政管理和预算局财务分析部门前负责人戴维·马赛亚森（David Mathiasen）是如何在极端困难的情况下，为团队创设一个富有感召力的目标的。你将发现，这与情报团队在制定团队目标时通常会遇到的挑战有着惊人的相似之处。

马赛亚森的部门负责为总统预算主管提供联邦预算的经济分析。罗纳德·里根（Ronald Reagan）在击败吉米·卡特（Jimmy Carter）当选美国总统后不久，就任命了大卫·斯托克曼（David Stockman）为预算部门主管。此后不久，斯托克曼告知马赛亚森，其部门需要立即着手废除卡特的预算，并优先制定新任总统的预算。

然而此时，团队成员已为卡特的预算付出了极大的努力，现在这一预算却被废除了。马赛亚森想知道，自己如何才能激发出团队成员充足的热情来完成斯托克曼的要求。他如何才能让成员振作起来，重新启动一项他们刚刚才完成的工作任务，特别是在他们的个人政见各不相同的情况下，当他们在执行一项保守的联邦预算时，彼此间会爆发多少矛盾与冲突。

马赛亚森的解决办法取决于他所构建的团队目标。他不是那种会召开一个大型会议然后发表一场富有感召力的演讲的人。相反，他没有什么特别的安排，只是游走在成员之间，确保他们每个人都理解了财务分析团队的真实使命是什么。他在这个过程中所说的核心大意是：

> 尽管听起来可能有点儿俗套，但我们来此是为了能够为民主服务。我们不制定政策，但是我们确保那些政策制定者能获得他们所能获得的最优信息。你们中的部分人赞成里根和斯托克曼所

确定的优先事项；其他人则确信他们的提议将会让整个国家陷入社会和经济灾难。

作为一个公民，我对他们的所作所为也有一些看法。但我的个人观点在我们的工作中并不重要，你们的也同样如此。我们是这个国家唯一有机会帮助总统和他的预算部门主管全面有效分析他们所制定的政策效果如何的人。这是那些行政管理和预算局的副主管都无法做到的，他们没时间也不专业。对于部门主管而言，如果我们不做好我们的工作，即使给主管机会，他也无法亲自做好这些分析工作。而国会预算办公室是为政府的另一个部门工作的，他们有其他不同的工作要做。

因此，这一任务责无旁贷，只能由我们来做。你们中那些支持里根正在做的事情的人，可以很高兴地看到，你们的分析将为他迅速、果断地出台一系列政策提供必需的信息。而你们中那些讨厌里根正在做的事情的人，这样想或许就会好受多了：有个全面准确的数据，他可能比没有这些数据时做出的决策对这个国家伤害更小一些。

无论你的个人政见是什么，都可以归结为同一件事：如果总统和他的智囊团拥有全面可靠的数据，我们的民主将会更好地发挥作用。坦白说，我不知道我们是否能在现有的时间内完成所有这一切。这将是一项非常艰巨的任务。但我们都是专业人员，那么就让我们行动起来，让他们看看我们的能力。

这样一来，即使是那些在投票站把票毫不犹豫地投向卡特的团队成员也会认识到，在需要的时候，无论是晚上还是周末，他们都应该与团队一起并肩协作，为重建国家预算尽自己的一份力量。这就是一个富有感召力且经过充分沟通后已达成共识的团队目标的力量。

## 富有感召力的目标必备的 3 大特征

- 目标应是清晰可感的，同时又是不完整的。
- 目标应富有挑战性，既不能因太容易达成而无法激励团队成员，也不能太苛刻而超出团队的能力范围。
- 要使目标更重要，更能吸引团队成员发挥其才能。

COLLABORATIVE
INTELLIGENCE

第 6 章

挑选合适的成员，使团队能力更全面

## 第 6 章　挑选合适的成员，使团队能力更全面

"用你现有的团队去打仗，而不是你想象中希望拥有的团队。"这句军事谚语，同样也适用于团队组建：你需要将现有的候选人而不是那些你希望引进的人才组成一个团队。这一说法既充满智慧，又暗藏危机。说其充满智慧，是因为它鼓励领导者根据实际情况调整团队设计，而非在未找齐完全符合资格的成员前，不断地推迟团队组建工作。说其暗藏危机，是因为它可能鼓励盲目的权宜之计。比如，领导者会将那些恰巧能找到的个体组成一个团队，而实际上，他们可能根本就不具备完成工作任务所需的能力。

在团队组建过程中，团队领导者需要在现实和权宜之计间找到适当的平衡，这就需要思考、创新，甚至偶尔需要一点儿政治手腕。当然，团队组建的首要任务是选择合适的成员。这时，团队领导者需要考虑：是否每位候选人都具备独特的经验或能力，能帮助团队完成任务？是否所有的潜在成员都具备基本的团队协作技能，在完成共同任务时能和他人愉快共事？如果团队没有合适的成员，那么在寻找和招募具备完成任务所需条件的成员时，我们能做些什么？如何避免招到一些阻碍团队完成任务的成员呢？

由于团队并非只是单个成员的简单组合，因此，团队领导者还必须考

虑团队的整体属性。比如，团队规模是否合适？既不能太小，以至于无法完成工作任务；也不能太大，以至于仅仅在团队协同上就需要耗费大量的时间和精力。再比如，团队成员构成是否合理？成员之间既不能太同质化，以至于无法相互学习；也不能太多样，以至于沟通和协调困难重重。

本章概述了与这些问题相关的知识，探讨了领导者如何利用这些知识正确地组建团队等相关问题。首先，我们分析了个体成员是如何被筛选的；其次，我们一起来看看领导者是如何将个体成员整合成一个团队并成功运行的；最后，我们将团队构成放到不同情境中进行观察，看看团队成员的专长究竟能为团队绩效做出多大贡献。

## 选择成员时需要考察的 3 个特质

关于团队成员的特质（个性、人际风格、工作技能等）对团队过程和绩效影响的研究不胜枚举。以下是一些已知的可以直接影响团队领导者对团队构成进行决策的团队成员特质，包括任务能力、团队合作技能、过往的培训和经验。

### 特质 1：任务能力

工业与组织心理学领域的研究积累了大量关于工作中个体差异的知识，包括将其适当地概念化、量化并将结果运用到人事决策的方法。我们在哈佛大学的群体智慧项目上换了一种思路，以一个简易的类比作为指导：一群人是一个新生实体，类似于一个大脑。这样，每位成员可以扮演

第6章　挑选合适的成员，使团队能力更全面

不同的大脑系统，这些不同的系统通过一种预期的协同方式共同作用。我们假设，如果团队成员拥有互补的大脑能力，那么团队将更高效，但前提是团队能够合理整合这些能力。

在一项研究中，我们着重研究了视觉处理系统的两个特定方面：物体识别能力及空间处理能力。有些人擅长穿梭于大街小巷之中，却不能留意并记住地标，而有些人却恰恰相反。我们按拥有相同能力和拥有互补能力为标准，将成员分成两组，并让每组成员在计算机迷宫图中找到并"标记"出特定物体。我们假设，拥有互补能力的组合表现会更好，他们中拥有空间处理能力的成员负责在地图中导航，拥有物体识别能力的成员负责做标记。这样的二人组被看作完成整体任务所需的最佳单个认知单元。

拥有适当的能力组合、成员的角色分配与能力相匹配（如导航者与标记者分工协作）的团队在绩效表现上确实最佳，这也证实了合理的团队构成拥有的一些优势。这类团队的表现不仅优于那些成员不具备完成任务所需的关键能力的团队，也胜过那些具备适当的能力但成员角色与能力不匹配（如安排拥有物体识别能力的成员担任导航的角色）的团队。

我们还考察了团队成员自主协作的影响。当二人组构成合适（合适的人在合适的位置上）时，协作相对较少，对绩效没什么影响。他们不需要协作，即使他们相互协作，对最终完成任务也没什么帮助。但是，当成员角色和能力不匹配时，自主协作对任务的完成将大有裨益。通过相互合作，他们能够找出弥补其最初能力错位的方法。

对拥有相同能力的二人组进行的研究让我们大为震惊。当两位成员都擅长识别物体，或都具有高水平的空间处理能力时，协作实际上会损害团

113

队绩效。因为即使再多的讨论和计划都无法弥补此类二人组缺乏一项关键能力的事实，而成员间毫无结果的讨论除了浪费时间、引发挫败感之外，别无所获。

这一迷宫研究对理解个体特征是如何被考虑进团队成员构成中有些帮助。然而，研究结果再次验证了让团队拥有合适的成员，并让他们扮演合适的角色，激励他们调整各自的绩效策略，使其尽可能地符合团队任务及成员个人能力的重要性。

在实验室开展实验时，可以设计需要某项特定能力的任务，并筛选出哪些成员具备这些能力。但在复杂的组织背景下，如何筛选合适的团队成员呢？毋庸置疑，首先，应该尽可能选择那些具备完成特定任务相关能力的成员。例如，选拔直升机飞行员要看手眼协调能力，选拔外文材料分析人员要看语言能力。如果某些特定能力无法筛选时，那就退而求其次，考察成员的总体智力水平，这也比较合理。对于许多不同类型的任务来说，总体智力水平是一个非常好的绩效预测指标。

**在没有考虑清楚团队成员需要具备哪些任务能力的情况下就贸然组建团队，是非常不明智的。**这可能导致领导者在团队成员选拔上做手脚，将选拔对象限定在自己熟悉的人，不假思索地选择办公室里恰好空闲的人。或者，他们更关心的是团队成员有没有代表性，而非能力，他们会让每个与新团队有利害关系的部门都有一两人加入。也许最糟糕的是，他们可能会评估团队客户的偏好，然后投其所好，为团队配置与其具有相似偏好（或者相反偏好）的成员。即使一个团队能够在一两个成员贡献不大的情况下正常运作（精心设计的团队通常能够做到），但由于团队成员缺乏完成任务所需的基本能力，这必然会限制团队的发展潜力。

## 特质2：团队合作技能

并不是每个人都适合团队工作。某人具备出色的任务能力，不能说明他能够与他人合作，并将这些技能运用到团队任务上。事实上，团队中只要有一个具有破坏性的成员就能使这个团队彻底瘫痪，正所谓"一粒老鼠屎坏了满锅汤"，这通常就是一瞬间的事。这类人无法（或者不愿）理解合作伙伴的观点，他们会危害合作伙伴，在团队会议上说的是一套，私下做的又是另一套，他们总会激发出他人最糟糕的一面。尽管他们可能对工作任务本身贡献极大，但这些贡献更适合由单独的个人而非团队中的某个成员来完成。

如今，团队领导者和成员似乎都不太愿意容忍此类破坏团队合作的行为。心理学家罗伯特·萨顿（Robert Sutton）[①] 在其著名的《论浑人》（*The No Asshole Rule*）一书中指出，对那些污染工作环境、疏远队友之间关系的成员，团队应该将其直接除名。但这说起来容易做起来难。拒绝具备团队所需专业能力的候选人，或者不邀请某位现有成员参加团队会议或项目，这样做会显得冷漠无情。即使你是团队的领导者，对团队组成有绝对的决策权，做出以上行为也非常难。如果你只是一名普通的团队成员，那么这一挑战更加难以逾越。

然而，这有时也是可以做到的。例如，在一家大型企业，首席执行官因首席财务官制造的问题胜过其专业知识的贡献，明令禁止他参加管理团队的会议。这位首席财务官在个人工作上确实非常出色，所以他并未被解雇。相反，这位首席执行官找到了一种不用首席财务官参加高管会议就能

---

[①] 斯坦福大学教授罗伯特·萨顿是世界级的创新管理大师，以敢于打破常规而出名。他所著的《论浑人》不光反映了职场中存在的摩擦问题，还清晰地揭示了这一问题会如何打压士气、降低效率、败坏公司文化。该书中文简体字版已由湛庐引进，中国人民大学出版社于2008年出版。——编者注

充分发挥其经验和专业知识的方法。这样，高管团队就不必再处理只要这位首席财务官在场就会出现的种种问题。

拒绝一贯具有破坏性的人加入组织是一回事。但如果反过来呢：怎样提前确定哪些人会是特别有建设性的团队成员？实际上，有很多工具和测试可以做到这一点，包括像迈尔斯 – 布里格斯类型指标（MBTI）之类的人格测验，以及评估潜在团队成员社交或情感"智力"的各种方法。但对此类测验我持怀疑态度。至少，MBTI 的心理测量特性是令人担忧的。而且，无论是 MBTI，还是那些评估社交及情感"智力"的方法，都没有证据表明它们能够很好地预测团队成员的工作行为或表现。此类工具之所以如此受欢迎，似乎更多是源于使用它们的人的自我认知，而不是源于对这些测量工具有效性的科学研究。这些测试者通常认为自身拥有非常重要的素质，而这些测试的结果事实上证实了他们的自我认知。

如果最流行的衡量团队合作技能的标准都无法为团队成员的筛选提供可靠的参考，那么团队领导者该怎么办？一句最古老的心理学谚语提供了一种可能："预测未来行为的最佳指标是观察过去的行为。"那么选拔时能否部分基于潜在成员在其过去团队中的表现做出决策呢？接下来我们将探究这一可能性。

### 特质 3：过往的培训和经验

大多数组织都有大量数据可以说明某个人将成为哪种类型的团队成员。领导者所要做的就是询问那些曾经与此人共事过的人。这正是罗伯特·吉纳特（Robert Ginnett）在研究驾驶舱机组人员的实验中评估机长领导能力时所用的方法。他只是让那些之前与机长一起飞行过的飞行员，在不考虑机长的驾驶技术的前提下，选出那些他们认为作为团队领导者表现特别好或者特别差的人。结果这些受访者的意见惊人地一致。飞行员了解队友的能力和行为模式。

人力资源系统中并没有关于组织成员的团队合作技能的数据。这类数据可以用吉纳特的方法迅速获得，即询问与其共事过的其他成员。比如，一个团队考虑将贾尼丝吸纳为成员。他们向曾与贾尼丝共事过的人询问了以下问题：她的专业知识和技能与团队任务的相关性如何？她是否参加过很多与任务相关的培训并拥有了丰富的经验？她是否具备与他人合作的能力？当在团队内部不能得到所需的信息或专业意见时，她是否有一个良好的外部人脉网络供她求助？

令人惊讶的是，仅仅通过向合适的人进行几次调查，就可以了解到某人对团队可能的贡献。更令人吃惊的是，那些正在组建团队的人却很少做这样的调查。然而，请注意，此处"合适的人"通常是指那些真正与候选人共事过的人。与管理者相比，他们对候选人可能有更深入的了解，而且也不太可能为了让其顺利入职另一家企业，就把一个资质平平的人吹捧得天花乱坠。

在使用有关某人的培训和以往经验的数据做甄选决策时，要时刻注意两点。一个与知觉扭曲有关，另一个与工作风格有关，这种工作风格源于潜在成员接受培训的知识和技术学科。

首先来看知觉扭曲问题。面对团队任务中的不确定性，团队成员有时会无意识地将其积极和消极的感觉分成不同的部分，他们把积极的感觉归功于一位值得敬重的成员，把消极的感觉归咎于其他人，即团队的替罪羊。谁会成为替罪羊并非随机，也并不一定反映了这个人的实际团队合作技能。相反，此人通常是与多数团队成员最不相同的那个，比如，此人可以是以男性为主的团队中的女性成员，以白人为主的团队中的非裔成员，等等。反之亦然。虽然分裂在团体动力学中普遍存在，但很少有组织承认甚至意识到这一现象。因此，当通过调查来评估潜在成员的团队合作能力时，必须搜集实际行为的具体案例，而不仅仅是凭整体印象。

我们再来看看工作风格问题。我们的实地调查和对 PLG 模拟演习的研究都有力地证实了，具有不同职业身份和经历的人会展现出明显不同的行事方式，这些差异有时会损害团队成员良好的合作能力。这些观察结果在我们的群体智慧项目中也得到了实证支持。

为了了解选择不同职业的人是否也具有不同的认知能力，我们对 4 个不同职业群体的成员进行了一系列线上测试，以评估他们的认知能力、个人性情及风格。他们分别是人文学者、工程师、科学家及富有创造性的艺术家。测试的主要内容是对推理能力、注意力、记忆力、感知反应时间等专业能力，以及言语流畅性、个人性情、偏好等进行评估。

结果表明，在言语流畅性方面，人文学者及富有创造性的艺术家得分高于其他群体。而他们在空间记忆力上反应较慢，也更易出错，但他们能更好地在认知框架间切换。工程师和科学家展现出了相反的情况：他们在言语流畅性上表现不佳，在认知框架间切换时失误更多，但空间记忆力和推理能力更强。

这些测试还评估了参与者做出反应的准确性和速度。如图 6-1 所示，不同的职业群体在处理速度和准确性之间的平衡上大不相同，特别是富有创造性的艺术家和科学家。艺术家反应较慢，但出错较少；科学家反应十分迅速，但准确性不高。

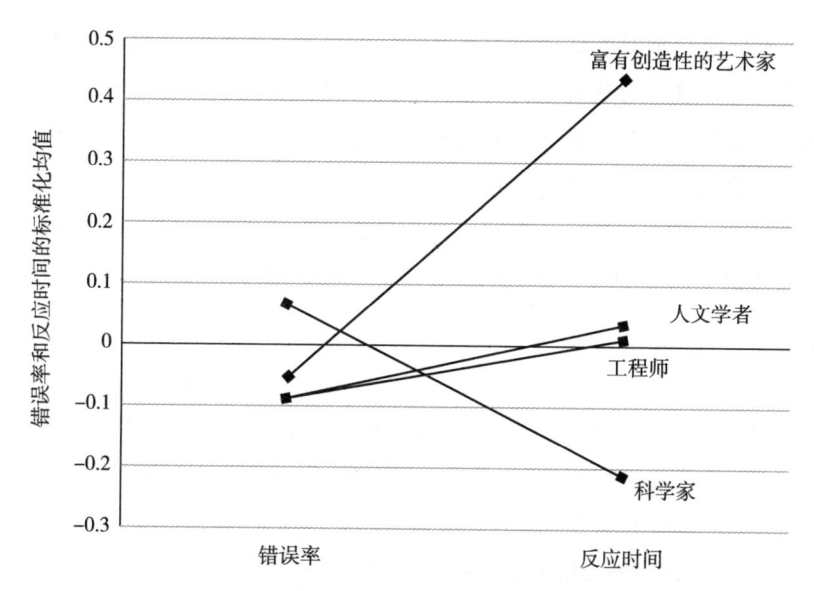

第 6 章 挑选合适的成员，使团队能力更全面

图 6-1 不同职业群体做出反应的速度与准确性之间的平衡情况

来自不同专业背景的个体对推理的偏好差异（如语言推理与视觉推理），以及他们对任务需求的反应速度，都可以显著地影响跨部门协作。例如，有时来自不同职业身份背景的团队成员不能很好地理解彼此。或者，团队中一位来自特定职业背景的成员，可能会对来自其他职业群体的队友的行动速度感到不满。

为了进一步评估这些学科差异对团队功能可能产生的影响，希瑟·卡鲁索（Heather Caruso）通过实验对一个 3 人团队遇到的各种问题进行了评估，这个团队由一名工程师、一名视觉艺术家和一名主要从事文字分析工作的专家组成。实验中，团队的任务是用乐高积木搭建 3 个结构：工程师需要密切关注结构问题，视觉艺术家关注的是审美标准，文字分析专家需要保证该结构符合一套难懂又复杂的建筑条例。我们发现，团队成员拥有不同学科背景对一个团队的整体成功至关重要。

不同学科背景的成员对与队友合作的前景有着截然不同的反应。视觉艺术家和文字分析专家对合作共事做出了积极的响应。工程师却并非如此，也许是因为其认为只有自己才有资格来处理建筑任务。事实上，对于与其他成员的交流，工程师表现得有些不屑，似乎大部分交流都是令人沮丧、浪费时间的。所以，即便是在经过了专门设计、可以受益于团队成员多样化的学科视角的任务中，学科差异也可能会削弱协作的潜在优势。

成员的培训经历、过往经验、社交网络，是其所在团队最宝贵的一部分资源，理应受到团队成员选拔者的密切关注。事实上，在团队成员之间，培训、经验和学科背景越多样，个体和团队持续发展的潜力就越大，这正是我们在前文探讨的团队有效性的3条标准中的2条。但是，团队不会自动获得这些好处。这就要求团队成员选拔者不仅能识别每个成员的特殊能力，还要避免他们产生贬低那些经验和背景与团队其他成员不同的人的贡献的普遍倾向。

## 组建团队必须关注的两个要素

明白团队成员都有谁，这一点对团队成员间的合作情况，以及团队最终的绩效表现都会产生巨大的影响，尤其是在团队必须快速应对外部环境的变化时。但个体特质并非全部决定因素。即使个体拥有丰富的知识、经验和技能，他们仍然必须经过恰当的组合才能成为一个团队。这个团队的人员数量要合适（不至于太多或太少），人员组成要恰当（彼此间不能太过相似或不同）。

## 要素1：团队规模

团队规模取决于团队要完成的任务本身——任务越大，团队规模越大。但团队规模也有限度。许多年前，人类学家罗宾·邓巴（Robin Dunbar）[1]提出，一个人能够维持社交关系的人员数量存在一个固定的上限，据他估算，这一数量大约为150人。他说，人脑无法处理维持超过这一数量的人际关系所需的认知过程。

邓巴提出的数量上限，引出了一些关于社会团体、社交网络规模等的有趣问题。人们想知道，在达到多大规模时，团队成员会开始退出线上社群？通常，工作团队比线上社群要求更严格。工作团队不仅需要稳定的成员关系，还要确保成员能积极参与，从而可以实时协调他们的活动。这就意味着工作团队规模的上限要比邓巴的估算值小得多。

我个人的观察表明，明确团队规模的关键不在于明确成员的数量，而在于明确成员间关系的数量。如图6-2所示，当团队规模不断扩大时，团队成员间关系的数量会加速增长。一个6人团队必须管理15个关系；一个8人团队必须管理28个关系；而一个12人团队必须管理66个关系，这几乎不可能。规模达到两位数的团队，几乎必然会遇到搭便车或社会惰怠效应的问题，而且会面临一项真正的风险，即要花费和实际完成团队任务相同的时间来协调成员间的关系。一位跨国管理者表示，一些外籍员工在某些领域的表现比本土员工好，恰恰是因为这些外籍员工没有那么多人脉可以用来完成手头任务。另一位领导者表示，他的做法是计算出完成一项任务需要多少人，然后组建一支比这一数值少一两个人的

---

[1] "邓巴数"提出者、著名进化人类学家罗宾·邓巴的"深度理解社群"四部曲——《社群的进化》《最好的亲密关系》《大局观从何而来》《人类的算法》已由湛庐引进，该系列是助你理解社群、理解人类，更好地面对互联互通的未来社会的必读作品。——编者注

团队。他表示，人数不足能激发成员，让其更专注，而人数过多只会带来问题。

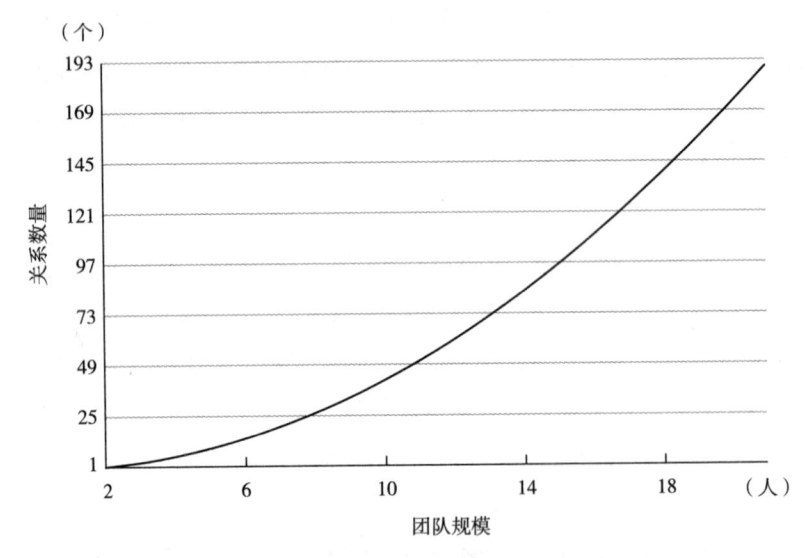

图 6-2　团队规模与成员间关系数量的变化情况

组织中的工作团队，其规模基本上都比他们实际需要的大得多，也正因为如此，他们会遇到一些不必要的问题。为什么会出现这种情况呢？一方面，领导者通常一开始就为团队配置了太多的人员，要么是为了确保团队有足够的成员来完成工作，要么是为了确保团队中能影响结果的每个部门都至少有一位代表。这些反常操作的结果是，团队臃肿，以至于团队无法表现得令人满意。

此外，团队规模有时会随着工作的推进而不断扩大。对一个团队来说，遇到问题并落后于计划是很常见的事情，尤其是在团队工作的早期阶段。这时，团队创建者可能会担心，于是决定增加人手来帮助团队加快进度。这种常见的组织现象为弗雷德里克·布鲁克斯提供了灵感，他将自己的书命名为《人月神话》（*The Mythical Man-Month*），该书汇集了他在主导 IBM 的系统编程过程中所学到的一些知识。布鲁克斯表示，当一个项目落后于原计划时，人们往往会计算落后了多少，接着，希望通过增加人手的方式来使其重回正轨：如果一个项目落后计划 6 个月，就增加 6 个人，每月 1 个人。由于需要让新人跟上进度，这就需要团队重新分配角色以适应他们，结果，这一策略几乎总是适得其反。因此才有了布鲁克斯定律：为延期的软件项目加派人手，只会让项目更多地落后于计划。

一些团队的领导者可能会担心团队资源不足，这是可以理解的，尤其是当团队任务重大，富有挑战性，而且还是一项更加重大的任务的重要组成部分时。但他们所创建的团队规模太大，导致团队无法高效运作，这其实大可不必。有时，领导者可以选择创建沙丘团队，即在一个大的单元里，根据需要组建或重组小团队，让他们来完成整体任务的特定部分。有时，领导者还可以视需要组建一支小型核心团队，负责招募和协调那些非正式成员。如果领导者乐意花时间仔细地、创造性地思考如何更好地组建团队，他们还可以提出其他选择。增加人手、扩大规模并非唯一的选择，也绝非最优选。

## 要素 2：人员组合

组建一支结构良好的团队，除了团队规模要适当外，还要确保团队拥有合适的人员组合，即团队成员既不会因太过相似而导致资源重复，也不会因太过多样而无法很好地沟通或合作。例如，一支完全由白人男性组成的团队。由于团队成员都曾在同一家分公司接受过培训，这个团队可能运转得相当顺畅。但其实也存在一些风险，即在计划和执行一项行动的过程中，可能产生预料之外的负面影响，而一名来自不同背景的成员就可以预见这一结果。

成员组合过于同质化的团队在完成非常规工作任务时，可能表现不佳，这些任务往往需要新想法或新方法。尽管和一群彼此相似、相处融洽的人在一起工作肯定会更愉快，但成员间相同和相似的想法可能会影响批判性思维的发挥，会抑制学习，甚至导致成员意见两极分化。法学学者卡斯·桑斯坦（Cass Sunstein）[1]通过召集一群自由派和保守派公民讨论一些有争议的政治问题，极好地说明了这一点。志趣相投的团队，无论是持有自由倾向，还是保守倾向，在集体讨论后，他们的观点变得更加极端，而讨论前彼此意见之间的差异却"消失"了。

现在，我们将刚刚描述的全是白人男性的团队和另一个人员组成多元的团队进行比较。后一个团队的成员性别、种族和学科训练各不相同，且来自长期关系紧张的不同组织。这个团队基本上不可能陷入群体思维状态，但其团队成员也不可能高效地制定执行团队任务的综合战略。这是因为，团队成员各自带来的标准程序迥然不同，由此导致的彼此间的分歧和误解几乎必然会加剧他们最初对队友的能力和作用的担忧。

成员高度多样化的团队，因其成员思想和行动非常不同，往往很难充分利用其成员的知识、经验和技能。这类团队中的分歧很可能演变成人际冲突，从而使团队成员彼此疏远，而非激发原创思维或促成协调一致的行动。只有当团队成员个人相信多样化带来的价值时，他们才有可能强烈认同这个多样化的团队。

当然，团队最好的状态是能在同质性和异质性之间找到平衡，其成员资源广泛且彼此足够相似，这样才能够很好地沟通和协作。但想要做到这一点，团队的创建者需要进行周密的规划。

---

[1] 哈佛大学法学院教授、《噪声》《助推》作者卡斯·桑斯坦全新力作《助推2.0》探讨了助推是如何改变社会和我们的生活的。该书中文简体字版已由湛庐引进，四川人民出版社于2022年出版。——编者注

## 兼顾差异，力争组建理想团队

拥有合适的团队成员对团队的绩效表现会有多大影响？团队中即使只有一位"团队破坏者"，其行为也极具破坏性和杀伤力，足以让团队毁于一旦。相比之下，其他团队构成问题往往不那么致命。团队通常可以通过挖掘自身资源或寻找外部资源的方式来弥补一两位成员任务能力或社交能力不足的问题。尽管团队的规模或成员构成问题确实会限制团队的发展潜力，但这些因素不会直接导致团队的彻底失败。

虽说如此，但团队领导者关于团队构成的决策还是会极大地影响团队的动力，要么为团队实现高绩效铺平道路，要么成为团队前行路上的绊脚石。比如在我工作的领域，组建团队时通常只是寻找那些恰巧空闲的人，然后把他们凑成一个团队，并给他们分配各自需要完成的工作任务。如果成员恰好具备完成任务所需的知识、经验和技能，那就更好了。在决定吸纳谁进入团队时，团队创建者通常不会尝试参考潜在成员个人特质的已知信息，也不大可能去考察不同特质的人共事的可能性有多大。一位团队创建者告诉我："你没权挑挑拣拣，你只能找你能找到的人。"

上述团队组建策略可能非常普遍，却谈不上有效，顶多算是应急的权宜之计。这就意味着，团队绩效将至少受到选择成员时的运气而不是明智地思考成员结构的影响。一个看似普通实则更佳的策略是，先明确工作任务所需的知识和技能，然后再组建团队。如此一来，就不会忽略任何关键的专业领域，但这只是理想状态。至少就目前的研究来看，情报团队的领导者并不能自由地组建团队。要招募到具备扎实的业务能力和优秀的人际交往能力的成员，并将他们组成一个具有合适的规模和成员构成的团队，需要团队领导者能克服深植于传统人事规定的巨大障碍。因此，创建一支成员结构和数量均合适的团队，需要团队领导者的聪明才智和一定的谈判能力。

基于上述种种原因，团队创建者发现，当其组建团队时，很难兼顾本章探讨的全部个体差异。尽管如此，努力这样做依然十分重要，因为领导者为团队挑选合适的成员，可以为后期团队合作打下坚实的基础。然而，团队结构良好，也仅仅只是基础。接下来的一章，我们将探讨如何帮助一个结构良好的团队更好地充分识别和利用其成员的能力。

### 选择成员时需要重点考察的 3 个特质

- 拥有完成特定任务的相关能力。
- 能够与他人合作，并将这些技能运用到团队任务上。
- 经历过系统培训，经验丰富，拥有对口的学科背景。

# COLLABORATIVE INTELLIGENCE

第 7 章

建立明确的行为规范，促进团队高效协作

## 第 7 章　建立明确的行为规范，促进团队高效协作

波士顿将有大事发生。几周后，某协会将在这里举办一次会议，届时，来自世界各地的几位极具影响力的领袖将在会议上发表演讲。然而，罗克韦尔激进组织宣称，他们将对该会议发动恐怖袭击。与此同时，麻省理工学院的一个研究实验室失窃，一瓶汉坦病毒被盗。这种病毒会损害呼吸系统并导致肾功能衰竭，十分致命。关于本次病毒盗窃案的嫌疑人，人们不禁想到了罗克韦尔激进组织。

如果我们能正确地分析和整合手头上的各种数据，就可以弄清楚现在的形势。波士顿地区电子信息安全执法小组成功截获了罗克韦尔激进组织成员之间的几封电子邮件。这些电子邮件信息包含了恐怖袭击的计划细节，但充斥着暗语，很难破译。幸运的是，凭借个人数据助理（personal data assistant，PDA）技术，我们从该组织的一位成员那里获得了一个密钥，它可以帮助我们破译邮件中的部分加密信息，诸如"粉尘＝转移""螃蟹＝爆炸""附件＝危险品实验室"。此外，利用PDA技术，我们还获取了一些建筑物的照片。这些照片有可能暗指5栋建筑物中的一栋。一旦照片与某栋建筑物匹配成功，我们就能确定罗克韦尔激进组织袭击目标的具体位置。最后，两组来自麻省理工学院的照片提供了一些帮助。虽然照片成像不清晰，但麻省理工学院危险品实验室的安保摄像头拍下了有人进

129

出实验室的照片。我们认为这些照片中的人物应该就是罗克韦尔激进组织成员。

为了分析所有可利用的数据资料，并确定罗克韦尔激进组织接下来的行动，随即成立了四人专项小组。尽管可能什么都不会发生，但也可能是一场毁灭性的恐怖袭击。为了解决这个问题，四人小组必须发挥出每个成员的专长，然后将成员各自的贡献整合起来，融入团队成果中去。与此同时，他们必须尽快行动。

你可能已经猜到，刚才描述的情况并非真实发生的事情。实际上，这是我们在实验室中创建的一个模拟实验，用来测试成员的个人能力在多大程度上会影响团队绩效，以及一个团队如何才能识别并充分利用成员的个人能力。

上一章说明了为团队选择合适成员的重要性。但是，团队有良好的成员构成就足够了吗？是否还需要建立团队规范（团队成员对那些有价值的行为和那些不可接受的行为所达成的共识），以帮助成员更好地发挥他们的集体专长？另外，考虑周全的团队规范是否能弥补成员构成的不足呢？

## 双管齐下，激发团队达到最优表现

为了回答上述问题，我们设计了一项实验，即在实验环境中，通过操纵成员的能力水平和团队协同工作的行为规范，评估这两个因素对团队绩效的影响。我们创建了几种实验条件。

第一种实验条件下的团队称为"必胜"组。该组成员在实验前几周接受了一些能力测试。结果显示，每组中均有一名成员是拥有很强的词语记忆能力（这对解密邮件信息至关重要）的专家，另一名成员则是拥有非凡的面部识别能力（这对分析模糊照片至关重要）的专家。在模拟实验开始之前，所有成员都会收到自己能力的测试结果，但并不了解词语记忆能力和面部识别能力对实验的关键作用。除了良好的成员构成之外，"必胜"组的成员还接受了社会性干预，这种干预旨在建立一种规范，激励成员积极评估任务要求和其他成员的能力。只有在进行评估之后，团队才能决定成员的任务分配，然后设计出整体绩效策略。

第二种实验条件下，成员构成良好，换言之，他们有一位词语记忆能力出众的专家和一位面部识别能力优秀的专家。但是他们没有接受社会性干预。第三种实验条件与第二种恰恰相反：该组中的成员能力一般，没有专家但是接受了社会性干预。

第四种实验条件下，团队成员能力一般，没有专家也没有接受社会性干预。

实验中，我们对每个团队表现的衡量方法也很简单，主要看该团队是否可以正确且客观地分析整个任务，比如，能否分析出正确的嫌疑人、正确的袭击目标，以及能否对恐怖袭击计划进行精准描述。

图7-1显示了不同实验条件下的团队表现。成员构成良好且接受了社会性干预的团队（第一种实验条件下的团队）表现最佳。他们的表现要远比只有良好成员构成的团队（第二种实验条件下的团队）好得多，也比只接受了社会性干预的团队（第三种实验条件下的团队）好得多。显然，良好的团队规范本身并不能弥补成员能力的不足。

而令人惊讶的是，4组实验中表现最差的是成员构成良好但没有接受社会性干预（第二种实验条件下的团队）的团队，该团队无法正确运用团队成员自身的能力。即使成员的能力再出众，如果不明确鼓励他们制定适合任务的策略来协调成员的贡献，他们的表现也会很差。

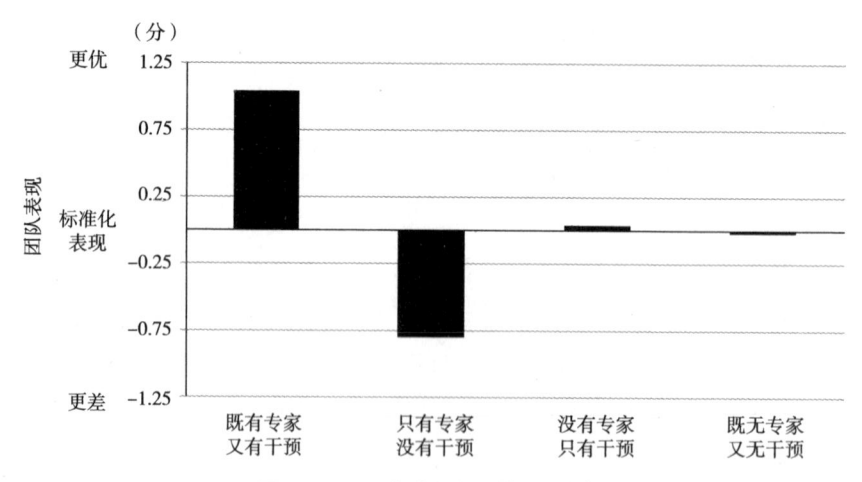

图 7-1　不同实验条件下的团队表现

资料来源：基于安妮塔·伍利（Anita Woolley）、玛格丽特·格巴斯（Margaret Gerbasi）、克里斯托弗·查布里斯（Christopher Chabris）、斯蒂芬·科斯林和哈克曼在2008年的研究。

其他领域也存在着同样的现象，比如自由式国际象棋锦标赛，这个领域也存在着类似的惊人结果。国际象棋大师和象棋业余爱好者都参加了比赛，而且他们都可以在比赛过程中寻求有象棋比赛程序植入的计算机的帮助。这场比赛的获胜者既不是先进的计算机，也不是有计算机协助的国际象棋大师。相反，赢家是两名业余棋手。他们利用3台计算机设计了一种对弈策略，使自己在比赛中脱颖而出。用前国际象棋世界冠军加里·卡斯帕罗夫（Garry Kasparov）的话来说："能力不足的人类+机器+优化的策略组合要比先进的计算机厉害得多，更比能力突出的人类+机器+糟糕的策略组合厉害得多。"由此可见，单靠成员出色的能力并不能确保团队成功。

值得注意的是，我们的模拟实验清晰地反映出一种现象：团队成员如果只是能力出众，但没有团队规范，这种团队在实践中的表现是最差的。虽然这种团队中的成员拥有任务所需的能力，有时他们也会被分配到与其能力相匹配的任务，但是团队该如何发挥每个成员的特长是团队自己决定的，这样的团队可能过于依赖专家成员的能力，而忽视了其他成员的潜在贡献。我们发现，避免这个问题的最好方法是建立明确的团队规范，促进团队协作。接下来我们会解释团队规范的作用，以及如何创建和实施团队规范。

## 显著提高团队绩效的两种规范

团队需要时刻管理成员在团队中的行为。否则，成员会各行其是，团队最终可能一事无成。当然，我们也可以通过持续的多方讨论和谈判来管理团队。但这是极其低效的，因为成员会为自己想做的事情辩论，在这上面所浪费的时间可能会和花在实际行动上的一样多。

创建和实施团队规范才是更高效、更有力、更普遍的团队管理方法。正如前文提到的，团队规范是成员之间对那些团队中有价值的行为和不可接受的行为所达成的共识。这种规范只能约束成员的所言所行，却不能约束他们的想法和感受。尽管大多数的团队规范是逐步建立起来的，但团队创建者也可以借鉴以往所在的类似团队的团队规范，或是直接明确一个团队规范来缩短这个过程。例如，有人可能提议："我们得先知道我们需要什么，达成一致后，才能提出信息需求。"如果其他成员认可此项建议，那么团队成员自己提交的信息需求应该会减少。

因为大多数人都非常在意队友对自己的看法，所以团队成员通常会遵守公认的团队规范。如果成员不遵守，一开始他的队友会循循善诱，引导他回归"正途"。一旦违规者一意孤行，队友就会采取强硬措施。团队规范是否能够执行到位，取决于两个因素：一是团队成员对团队规范是否有强烈的遵从意愿（规范的强度）；二是团队成员对具体约束行为是否达成了高度共识（规范的具体化）。社会学家杰伊·杰克逊（Jay Jackson）认为，团队规范强度越高、越具体，就越会形成"规范性力量"（normative power）。很少有人会违背这种具有权威性的规范，即使违背了，也会立即得到纠正。

但是，如果团队规范强度高却不够具体，那会发生什么呢？比如，团队成员很在乎某些事情，但是对于哪些行为需要鼓励、哪些行为需要约束却意见不一。在这种情况下，冲突很有可能会发生并持续下去，直到达成共识。与此相对的另一种情况就是，团队规范很具体但强度低。在这种情况下，虽然团队成员达成了共识，但是团队内部不在乎成员能不能遵守规范。这就是杰克逊所说的"空洞的共识"（vacuous consensus）。由于成员都了解团队规范，所以他们会在一定程度上遵守规范。但是若有人违背了规范，几乎无人会去纠正，因为他们不在乎规范是否得到了执行。

现在回顾一下你所在的团队有哪些规范。哪些规范有效管理了团队成员的行为？哪些规范引起了成员间的冲突？哪些规范反映了"空洞的共识"？一般来说，常见且有效的团队规范具有可预测性，能够使团队事务运行得井井有条，成员之间和睦相处。而不太常见的是可以充分发挥成员专业知识，或指导团队制定和实现团队绩效策略的团队规范。因此，制定团队规范来帮助成员解决上述问题，是团队领导者需要采取的最有建设性的行动。事实上，我们在对团队领导者进行研究后发现，明确的团队规范对团队绩效的作用比我们测试过的其他任何因素的作用都大。

假设来自各行各业的代表人物组成了一支联合反恐特遣部队（JTTF）。这些代表人物之前所在的组织不同，文化背景和行为方式也不同，这会给团队带来一定的风险。比如，团队中的群体竞争可能会导致团队任务失败；志趣相投的成员结成小群体，各行其是，可能会使团队分崩离析。这时，机警的领导者会鼓励团队制定一项规范，以规避这些风险。比如在一个成员阐述观点时，其他成员不得打断或反驳他，要从该成员的阐述中获取有价值的观点和看法。如果这个团队正在处理一个直接、重大的威胁，这种规范将非常有帮助。因为在处理危机事件时，团队成员习惯按照众所周知的惯例或自己的经验行事，而非遵循规范（我们在第 3 章中已有讨论）。

下面两种特殊的团队规范对团队工作特别有帮助。第一种团队规范可以帮助团队识别并充分利用成员的知识、经验和技能；第二种团队规范则可以帮助团队设计和实施可行的任务绩效策略，使任务顺利进行。

## 第一种团队规范：充分利用成员的专长

在反恐模拟实验中，我们使用的规范是非常简单的。我们只是引导团队成员花几分钟时间分析任务要求和成员能力，然后根据分析结果，决定如何开展工作。此次实验参与者都很配合，都按照我们的要求做了，但转换到现实生活中，事情可能不会如此简单，因为多数团队的工作环境复杂多变且流动性强。

## 障碍

一个团队很容易误入歧途。例如，一个团队重点讨论的本应是为团队设定什么样的新战略方向，但在首次会议上他们却一直在讨论带外地人去哪里吃饭的问题。更常见和更严重的是以下3个问题：团队过度依赖所有成员共享的信息，成员之间未能克服对彼此的刻板印象，以及成员因彼此之间存在的差异而产生焦虑。合适的团队规范可以帮助团队建设性地处理这些问题。

**1. 共享信息**。也许团队合作的最大优势是，团队成员拥有不同的信息和专业知识，如果整合得当，就可以取得个体无法拥有的成就。然而具有讽刺意味的是，团队通常依赖的是所有成员共享的信息，个别成员独有的信息不被重视，甚至无法放到桌面上被团队讨论。在制定决策和执行分析型任务时，这可能会严重影响团队绩效。

在情报界，正在出现一些新型团队，比如规模更大的团队，成员更加多样化的团队，成员构成一直在变化的团队，地理上分散但却可以依靠电子技术进行交流的团队，等等。团队领导者可能会发现，管理和运用好成员所掌握的信息和专业知识尤其具有挑战性。例如，团队规模越大，有价值的个人见解被忽视的可能性就越大；成员构成越多样，团队内群体间的关系可能会越紧张，资源的利用就越受到限制；成员构成变化得越频繁，就越难确定成员拥有哪些与任务相关的信息或专业知识；团队的沟通越依赖电子技术，成员之间的协作就越困难。以上问题，需要有新的团队规范来应对。

**2. 群体的刻板印象**。团队对成员贡献的认可度，既取决于贡献的实际价值，也取决于是谁做出了贡献。当团队成员身份（如种族或性别）不同、所属专业领域（如工程或法律）不同或组织背景不同时，他们会特别重视与自己类似的成员所做的贡献，而不太重视与自己不同的成员所做的贡献。

我们实验项目中有一项研究虽尚未发表，但其内容展示了群体间张力（intergroup force）的重要性。这项研究是这样展开的：在一次选举前夕，我们邀请了一些政治倾向明确的人，就两党立场截然不同的话题（例如枪支管制、堕胎等）来作答。在给出答案之前，被提问者有机会向小组成员寻求支持。小组中的其他成员有的与被提问者属于同一党派，有的则不是；有的成员是特定问题专家，有的则对这些问题不甚了解。结果表明，被提问者会求助于来自同一党派的成员，而不会向不同党派的专家求助。这种群体间张力不仅决定了谁对团队有影响，还会导致人们对专家成员产生错误认知。例如，在一个决策团队中，有时拥有更多专业知识的女性成员会被认为比不上那些普通的女性成员。

在实验室里发生的这些现象也经常发生在现实的团队工作中。事实上，这样的团队存在着更多不同群体间的竞争。团队成员往往会认为，其他成员的观点主要代表他们本身所在的学科或组织的利益。这种由群体间张力驱动的团队内部行为通常需要一个强大的团队规范来改变。

**3. 个体的焦虑**。团队成员有时不愿意对他们正在处理的事情表现出不确定的样子，不愿意公开承认他们遇到的难题，或请求其他成员提供一些必要的专业支持，因为他们觉得这样做会没面子。因此，他们只会运用自己有限的知识来处理问题，即使这样做可能会影响团队绩效。

存在这种想法的根源之一是团队内部缺乏心理安全感。心理安全感是一种共同的信念，即团队是一个可以承担个人风险和人际风险的地方。具

真团队 COLLABORATIVE INTELLIGENCE

有心理安全感的团队成员更勇于承认错误，更有可能向队友寻求帮助，对于自己的所知和不足有更开放的心态，更乐意向专家成员学习。鼓励学习、支持尝试的团队规范是在团队中建立心理安全感氛围的一种方法。

**克服障碍**

有效利用团队成员掌握的信息和专业知识并不容易。尽管在本章开头描述的反恐模拟实验中，一个简单的指导干预就使团队成功做到了这一点，但模拟实验中的团队并不存在刚才描述的3个问题。我们在两党实验的后续研究中发现，即使群体间张力只发挥一小部分作用，团队成员也很难发挥专长。上述研究表明，人们会过度信赖与自己有相似背景的人。我们决定证明，通过一个简单的认知干预可以扭转甚至消除这种现象。具体来说，我们原本认为，告知被试可以求助，他们就会抛开党派之别，寻求专家成员的建议，从而避免错误。然而，我们实际上得到的结果和之前的研究完全相同。

看来，我们需要的是可以促进成员之间互相帮助和彼此分享的团队规范。这种规范就是斯蒂芬·科斯林所说的社会假肢系统（social prosthetic system, SPS）。当SPS运行时，团队成员能有效利用其他成员的能力，整合其他成员的知识，从而帮助自己完成任务。

科斯林认为，这一系统是个体间的差异（有些人更愿意求助他人弥补自己的局限性）和环境要求（有些情况需要协作，而有些不需要）下的产物。然而，这种系统的关键特征是，成员遇到困难时习惯性地依赖队友。前文已经讨论过，在充分利用成员的专长时存在3个障碍：成员只关注团队共享的信息，成员彼此之间未能克服刻板印象，以及成员间因差异产生焦虑感。SPS的行为规范与此相反，它鼓励团队成员借用队友的专长、接纳不同见解。

如何创建一个 SPS 呢？一种策略是颠覆传统的团队组建过程，引导成员将注意力放在他人能给工作带来的贡献上，而不是自己的能力和经验上。例如，在 PLG 模拟演习实验中，蓝队（分析型团队）成员通常很随意地开始他们的工作。他们在房间里走来走去，介绍自己，介绍他们所接受的专业训练、所代表的组织，以及他们在该组织中的角色。在前半个小时结束时，每个成员都对团队及其他成员有了一些了解，这使得团队迅速被划分成若干个小群体。正如在前文所看到的，这一过程可能会为之后的分歧和冲突埋下隐患，而这些分歧和冲突是由成员所在的各个小群体导致的。在这样的基础上开始团队工作是不可靠的。

是否有更好的团队组建方法？当然有：**将成员的注意力集中在共同目标的完成上，而不是群体间的差异上**。为了找到答案，我们获得了 PLG 模拟演习组织者的许可，在他们的一个模拟中尝试发掘新方法。我们是这样做的：在简单的开场白后，我们给每个成员提供了一张简表，让他们写下自己对团队任务目标的理解，并询问他们对实现（或未能实现）这一目标的看法。然后，我们将互不相识的二人组成一组。

对于每组成员而言，首先要确保双方都清楚总体目标。他们先是阅读了彼此之前填写的表格，以求解决可能会出现的分歧。之后，成员 A 对成员 B 进行了 15 分钟的提问，以了解成员 B 在帮助团队实现目标上可以为团队带来的知识、经验和技能。然后他们互换角色，成员 B 再对成员 A 进行提问。我们计划在半小时后重新召集这些小组，并要求每个成员介绍各自的伙伴，尤其是要重点介绍伙伴可以为团队工作带来的独特资源，而不要谈论自己的背景或专业知识。

我们没有介入到每组成员的提问中。据了解，有的成员在提问时非常投入，以至于忘记了时间。当我们召集小组汇报时，因为 PLG 模拟演习组织者要带大家去吃午餐，结果导致他们没有时间汇报。即便如此，我们在之后还是观察到，我们一开始所做的这件事确实发挥了一些作用。与观察到的其他蓝队相比，这个团队已经形成了一种规范，比如，鼓励成员积极挖掘队友的专长或经验。令人耳目一新的是，在这支团队中很少听到有人关于"应该如何做"的自信断言，而事实上，如此断言之人或许也只了解自己组织或学科的政策和实践。

尽管蓝队成员减少了对自己所在小群体的关注，这确实有助于团队工作实现一个良好的开端，但是，组织心理学家大卫·伯格（David Berg）认为，要求人们忽视自己的群体身份通常是不现实的。他提出，只要团队规范有助于缓和成员关系、解决典型问题，那么"让小群体就这样存在着"或许会更好。在伯格看来，如果一个人说话做事只从大局出发，这样的规范反而会带来负面影响，因为即使他从大局出发，其他人也会认为他在谋私利。团队可以讨论这些小群体间的利益，只要这些利益被清晰地表达出来。尽管伯格的建议确实值得进一步探索，但它可能只适用于那些成员长期共处、通常由群体间的张力来驱动工作的团队。

虽然我们做的小尝试十分随意，甚至算不上是实验，但蓝队成员的互动确实发生了变化，这也让我们更加确信，在团队中创建新型的团队规范，可以帮助他们克服经常遭遇的困难。

## 第二种团队规范：制定合适的任务策略

挡在良好的任务策略前面的绊脚石是盲目地依赖团队的常规惯例（见

第3章）。对于一些团队来说，最熟悉或最明显的策略并不一定是最佳的策略，而"一直是这么做的"的策略实际上从来都不是最佳的策略。只有充分考虑到团队的机会、资源和制约因素，团队才有可能制定出开展工作的最佳策略。因此，能够促进团队积极制定策略的规范，可以有效帮助团队确定最优的任务策略。

分析型团队有许多完善的、结构化的方法可供选择，同时还有如众包和预测市场这样的方式作为备用（见第4章）。这些方法无疑比"最小公分母"（lowest-common-denominator）法好得多。在最小公分母法中，每个人想要的数据都被收集起来，从而生成了一个巨大的、无差别的数据库。

除了收集和检验所有信息，团队还需要制定一种全新的策略，一个唯一适合其特定目标和环境的战略。或者，根据每次任务目标的不同，适当调整之前的任务策略，比如受约束的头脑风暴和认知重组。这两种策略是蓝队在PLG模拟演习中遇到困难时经过分析而制定的策略，但它们的应用场景似乎更广泛。

**受约束的头脑风暴**

有一些团队需要处理大量信息，受约束的头脑风暴这种策略对它们来说非常有用，因为很多信息可能与团队目标无关。团队工作基本上在开始时是没有方向的，这时，团队需要想出办法尽可能地排除不可行的策略。受约束的头脑风暴就可以对对手最有可能采取的行动路线进行假设并评估，然后寻找支持这些假设成立的更多信息。

具体来说，从PLG模拟演习的经验可知，一个团队开始工作时需要

141

关注两种不同的信息。第一种信息是已知对手或潜在对手的成员资料，这些资料中记录了每个成员的学科培训经历、专业特长和工作经验。第二种信息是对手的人际关系网络，从这一网络中大体可以了解到与对手有往来的人具有哪些专业知识或资源，这些人对对手实现任务目标有什么帮助。

有了这些信息，团队就可以根据对手的专业知识、人际关系网络和可用资源进行头脑风暴，找出对手最有可能的行动路线。在许多情况下，只有一到两种可能性值得我们认真关注，这种策略可以大大提高团队后续的工作效率。

## 认知重组

许多情报团队，尤其是反恐小组，他们会习惯性地认为自己的工作是一种防守性任务，也就是说，他们的工作是分析并阻止敌人的任何企图。但是，完成防守性任务几乎总是难于完成进攻性任务。因此，反恐小组最好转变一下思路，将"我们如何确定他们的行动计划"转变为"如果我们拥有他们的能力和资源会怎样做"。这样，完成团队任务的角度就从防守性转变为进攻性。

与受约束的头脑风暴一样，认知重组的实施在很大程度上也得益于团队对潜在对手的履历、人际关系网络和可用资源的了解。拥有这些信息可以扭转团队成员现有的刻板印象，降低高估或低估对手能力的可能性。此外，团队成员很可能发现，如果他们要站在对手的角度思考问题，还需要一定的专业知识。所以，认知重组反过来又能激励成员在完成重新规划的任务时，主动了解队友的知识和技能，必要时还会从外部寻找相关的信息和专业知识。

第 7 章　建立明确的行为规范，促进团队高效协作

对于每一个情报团队来说，最有帮助的团队规范是能够根据团队的任务和环境的不同来适当调整成员当下行为的规范。对于任何团队来说，要使团队有效，重要的是建立一种能使成员的交流和行动井然有序的团队规范，而不是那些与团队工作无关或根本无法形成约束力的规范，因为这样的规范会使团队迷失方向。

然而，有建设性的、契合团队任务的规范不会自发出现。因此，帮助团队建立一系列对团队绩效至关重要的行为规范，明确什么该做、什么不该做，是领导者最重要的工作之一。建立团队规范的最佳时期是团队建立初期，其次是开展一项新任务的时候。但这并不是结束。优秀的团队领导者能够跟进、观察团队工作，并逐渐加强团队规范。当团队将成员能力运用得当时，或者根据团队任务和形势提出了一个创造性的策略时，领导者要给予积极关注和正面评价。

建立有建设性的团队规范并非易事，特别是当团队所处的组织不断给团队设置障碍时，建立团队规范就更加困难。下一章，我们将从情报团队的工作环境出发，重点关注相关组织的政策和实践，这些政策和实践使有的团队表现良好，而有的团队则陷入困境。

### 建立明确的行为规范的两种方法

- 将团队成员的注意力集中在完成共同目标上，从而充分发挥成员各自的专长。
- 根据每次任务目标的不同，运用完善的、结构化的技术来制定合适的任务策略。

# COLLABORATIVE INTELLIGENCE

第 8 章

给予必要的组织支持，激发团队执行力

## 第 8 章　给予必要的组织支持，激发团队执行力

如果你怀疑组织环境对团队行为和绩效的重要性，请你暂时从自己的团队中抽身，和我一起登上从华盛顿飞往芝加哥的商业客机，参观一下他们的驾驶舱吧。组织环境对团队行为的潜在影响甚至在机长和副驾驶见面之前就已经产生了。例如，他们都接受过机组资源管理（Crew Resource Management, CRM）培训和航空公司的机组人员构成系统培训。

在此之前，机长从未和副驾驶或乘务长共事过。在去机舱之前，机长检查了操控台和飞行记录，又看了看天气，除了宾夕法尼亚州西部似乎有雷暴，其他地区一片晴朗。随后，她又检查了燃油储备，认为现在的燃油量有点少，由于有雷暴，飞机可能需要持续飞行或绕行，所以她比平时又多申请了1 800多千克的燃油。

然后，机长前往机舱，向其他机组人员简单讲解了此次飞行情况。除了机组成员之外，机舱里还有一位意外的客人——美国联邦航空管理局（FAA）的检查员，他将坐在驾驶舱的机组座位上监督他们的飞行。任务传达会（下一章将详细介绍）之后，机组人员开始为起飞做准备。当副驾驶将起飞数据输入飞行管理计算机时，一名地勤人员打来电话，催促他们尽快起飞。副驾驶说："再过五六分钟就好了，一些行李来迟了，正在装

载。"机长注意到,这实际上耽误了 10 分钟,但正常情况下,不会影响最终准时抵达目的地。检查完毕后,机长会收听机场自动终端信息系统(ATIS)不断更新的当地天气和跑道信息报告,然后做最后一次的航路天气检查。ATIS 并没有传来特别消息,只是报告了宾夕法尼亚州的雷暴似乎正在加剧。她很高兴自己申请了额外的燃油。

一切准备就绪后,机长通过无线电向地面控制中心请求启动飞机推进器。拖船将飞机从登机口移开后,地面引领员示意机长滑行道一切通畅,机长向他表示感谢后启动了引擎。当机长驾驶着飞机通过迷宫般的滑行道时,副驾驶会进行最后的起飞检查。当塔台发出起飞许可后,机长将飞机驶向起飞跑道,接着对副驾驶说:"这是你的飞机了。"副驾驶接过操作杆,推进油门,飞机开始启动。

接着便是向上爬升。"收起起落架,爬升。"随着副驾驶的一声令下,机长将起落架操纵杆移动到预定位置。驾驶舱仪表盘上的 3 个指示灯分别代表了前起落架、左侧主起落架和右侧主起落架,当 3 个指示灯分别变成黄色,紧接着又变成绿色时,表示 3 个起落架已经成功收起了。飞机通过一个个控制台,最终上升到 35 000 英尺(约 10 千米)的高空后开始航行。为了避开宾夕法尼亚州的雷暴,飞机需要稍稍偏离原定飞行航道,线路控制中心很快同意了变道。飞行中的一切都很正常。

但危机即将来临。当副驾驶要求放下起落架时,只听一声巨响,飞机瞬间偏离了航道,右侧主起落架的指示灯变成了黄色的警示灯。"你控制好飞机,我来解决这个问题。"机长一边指示,一边试图拉下起落操纵杆,但没有成功。然后,她打电话向地面控制中心报告了问题并要求中止飞行,准备降落。控制中心发出指令,指引飞机飞往密歇根湖上空,在那里没有其他飞机阻碍它的降落。

机组人员在飞机的计算机上找出了起落架问题清单，然后一一对照。虽然重新设置了指示灯的断路器，但警示灯仍然没有熄灭，通过驾驶舱的小窗口可以看到，起落架已经放下，但是无法得知它是不是被锁住了。机长询问了FAA检查员是否有任何问题或建议，他表示没有。机长通过无线电向机场调度台报告了问题，然后打电话给维修部门咨询解决措施。经过一番讨论后，一名维修主管打电话给飞机制造商的技术专家，邀请他参与讨论，但技术专家建议的额外检查和其他措施都没有见效。最后，在所有能做的尝试都做了之后，全体人员只能同意降落。

机长让乘务长帮助乘客做好紧急降落的准备，并打电话给控制中心，要求清理出一条最长的直线跑道，并在跑道两旁准备好灭火器，以防万一。然后她驾驶着飞机，驶向该跑道。起落架支撑住了降落，着陆像往常一样顺利。当飞机停稳后，机组人员听到机舱里传来了经久不息的掌声。待所有乘客离开后，FAA检查员对全体机组人员说："这次飞行很棒，伙计们，你们非常专业。"机长点点头回答："这都是我们该做的。"专业的飞行员不需要别人的表扬，尤其是门外汉的表扬。至少，他们表现得好像不需要这种表扬。

如果不了解本次航班飞行的背景，就无法理解这群机组人员的行动方式。研究表明，组织环境的4个方面特别重要，它们将影响团队的行为和绩效。

**1. 组织要为团队提供完成其工作所需的各种信息，这些信息对工作的完成以及质量都至关重要。** 在航空领域，机组人员的构成是由一个人事数据库决定的。一旦机组人员确定并开始工作，他们就需要获得大量的数据信息，用于监控情况并确定如何飞行。比如，他们需要实时更新的天气信息、机场运行状况等信息。同时，他们还需要通知机组人员做起飞准备的调度员的协助，需要负责确保飞机在起飞过程中不会有障碍的引领员的帮助。飞行过程中，飞机本身的各种电子设施和机械系统也会提供各种数据信息，比如，案例中针对起落架指示灯的问题清单等。

**2. 组织要为团队成员提供教育和技术资源，扩充成员自身的知识和技能储备**。比如，机组人员参加的 CRM 培训课程，这磨炼了他们的团队合作技能。还有公司调度部门和维修部门给出的建议，以及飞机制造商技术专家提供的专业技术支持。飞机上还有一本计算机操作手册，指导机组人员诊断起落架问题。另外，还有许多检查清单，清单上的每一项都是通过以往的飞行经验不断完善而来的，这极大地减少了操作失误的可能性。

**3. 组织要为团队提供充足的物质资源，以便完成团队工作**。在前面的案例中，这些物质资源包括额外的燃料以及在抵达机场时的消防设备。

**4. 组织要对团队的优秀表现给予充分的认可和赞扬**。在前面的案例中，机组人员得到了来自乘客和 FAA 检查员的肯定和赞扬。我们不知道航空公司管理层后来是否肯定了机组人员的优秀表现，但至少机长会表扬机组人员。

如果机组人员没有得到上述 4 个方面的支持，那么团队工作中会出现大麻烦。无论一个团队的成员完成工作的积极性有多高，如果他们不能获得需要的信息、工具、资源和支持，团队工作就不可能完成。对于机组人员和其他团队来说都是如此。因此，最佳的团队领导者会密切关注那些对团队行为和绩效影响最大的潜在环境特征。这些领导者会尽其所能确保团队获得所需的资源和支持，并利用自己的影响力去消除一切外在障碍。在接下来的内容中我们会看到，对情报团队来说，虽然做到这一点挑战巨大，但很值得去做。

## 信息支持，为任务绩效策略的制定奠定基础

情报工作就是获取信息，但对从事情报工作的团队来说，获得外在的信息支持非常困难。有时，这些信息根本无从获得；有时，这些信息可能会被大量无差别的信息淹没，让成员难以辨别；还有一些时候，看似团队获得了一些有用的信息，但可能由于时间上或格式上的问题而无法使用。

选择合适的任务完成方法，即良好的任务绩效策略，是提升团队效率的关键。而制定一种有效的策略，不仅需要好的团队规范，还需要获取任务环境方面的充分信息。例如，在一场篮球比赛中，在不知道比分或剩余时间的情况下，试图制定一个结束比赛的策略是无效的。又如，在无法获得当前天气信息的情况下，让机组人员决定是否飞过积云，他们该有多么不知所措。

这同样适用于情报工作。如果分析团队不知道为谁收集数据或所做的数据分析用于何种目的，那么分析团队中的成员也会像那些机组人员一样茫然而不知所措。对于一个执行团队来说，如果他们不知道将要面临什么困难，就不能制订完备的行动计划，只能随机应变，而这有很大的风险。同样，对于科技团队来说，如果他们不知道研发的产品将用在何种环境中，就有可能做出糟糕的设计方案。一个为新人设计培训计划的团队，如果不了解受训人员现有的技能，可能会开发出一套不能满足受训人员需求的课程。无论团队的任务是什么，设计或选择适合任务的绩效策略都需要相关的环境需求信息，以及了解环境中的机遇和挑战。

为什么情报团队经常在获取信息方面遇到困难呢？有时是因为，没人能预知事情刚开始时的情况，在这种情况下，人们只能做出预判，然后制定开放性策略，以应对不同情形。有时则是因为，团队最需要的信息在理

论上可以获得，但是在时间上来不及收集。还有时是因为，团队最容易获得的信息，结果被证实是对手故意散布的虚假信息，这要求我们拥有高超的情报甄别技术来区分哪些信息可以信任，哪些信息是虚假的。

最令人沮丧的是，在情报团队所在的组织中，实际上有情报人员所需的信息，但他们往往无法获得，这也是情报团队面临的最常见的信息问题。这种问题往往源于不兼容的信息技术，但其根源不止于此。事实上，现在已经有成熟的技术和安全措施来支持跨系统共享可靠信息。因此，问题不在于不同情报机构的信息系统是否能够相互关联，而在于这些机构的人员是否愿意这样做。正如一名高级情报官员解释的那样，在决定哪些信息可以共享时，情报人员在"我们"和"不是我们"之间有一个明显的界限。如果"不是我们"变成了"他们"，就像某些情报组织之间的关系那样，围绕"我们"的信息保护墙就会变得密不透风，信息共享也就无从谈起。

当需要完成的情报工作被分割成很多小块并分配给不同的个体或团队，再由这些个体或团队将各自的贡献整合成一个完整的成果时，这个问题就会加剧（见第 4 章和第 5 章）。例如，一个负责监控的小组（除了监视什么也不做）和一个像中央情报局的反恐中心这样的团队（其职责更大、更综合，从信息收集、数据分析到执行计划无所不包）相比，哪个团队的成果会更出色？当一个团队只负责一小部分工作时，成员必须依赖外界获取他们制订和执行计划所需的信息。此外，下一个团队能否完成工作，取决于上一个团队能否迅速、有效地交接工作。

情报机构倾向于对信息进行分类保护或将其置于有限制的档案室内，这往往会使情报团队几乎不可能获得所需的信息。实际上，如果这些信息可以轻松获取，情报团队就能制定和执行与任务非常契合的策略。情报机构内的一个怪象是，人人都认为那些冒着巨大的风险或代价获得的信息，

第 8 章　给予必要的组织支持，激发团队执行力

还有那些被保存在层层把守的机密档案室里的信息，远比在公开档案室里的高度可信的信息更有价值。目前，情报机构的任务设计（如将任务分割成小块）和信息保护机制会无意间让团队变得不知所措，因为它们无法获得所需的信息来设计和实施最佳任务策略。

在一个情报顾问的小组会议上，一名外部顾问对信息过度保密的现象表示了担忧。他问道，是不是可以将大部分信息公开，以便其他领域的成员可以轻松获取所需信息，同时更有效地保护剩下的小部分确实需要保密的信息？在休息期间，一名持反对意见的人告诉他，他的建议显示出他对情报工作有多么不了解。有趣的是，一位同样在场的高级情报官员说自己曾经也提出过一个类似的建议，但几乎没有产生任何影响。情报界的保密文化是普遍存在的，带有很强的自我延续性，有时还会产生反作用。

虽然组织环境确实会给情报团队执行任务设置许多信息障碍，但团队本身也要为没有寻求到完成工作所需的信息而承担责任。成员需要积极主动地思考：哪些人拥有他们所需的信息，哪些获取方式可以让他们得到正面反馈，以及设计哪些问题可以得到有效回复。当团队成员只是互相抱怨无法收集到他们所需的信息而不进行自我反省时，该团队就不会有任何建设性的成果。直接向别人索取他们掌握的所有信息也不可取，因为这会让团队淹没在一堆无差别的数据中，有些错误数据甚至会误导团队。当团队发现他们可以获得很多潜在的相关信息时，就像在第 1 章所描述的 PLG 模拟演习中的蓝队那样，团队成员必须抵制住诱惑，不要直接分析已得到的所有信息。在很多情况下，对制定和执行策略最有帮助的并不是团队最容易接触到的信息。

优秀的团队知道自己需要哪些信息，也会主动寻找这些信息，以及用好外部支持。他们知道如何提出问题，以增加获得高价值信息的机会，而

不是只接受信息提供者方便提供的信息。他们经常使用所谓的"人际传递网络",通过人际交往来获取信息。即使在发达的电子技术也能获得同样信息的情况下,他们还是更喜欢直接与人交流。有时,他们甚至会略施小计,让本行业中的其他人提供他们需要的信息。经验丰富的团队都知道获取可靠的信息对制定策略的重要性,所以他们会使用好这些人际策略。

## 技术和教育资源支持,提升团队合作技能

即使是成员构成很好的团队,也很少有成员集体拥有完成团队工作所需的全部知识、经验和技能。因此,情报组织向团队提供的支持应包括技术支持和教育资源,这些资源可以在成员遇到难以胜任的工作时向其提供帮助,必要时还可以磨炼成员的团队合作技能。

### 技术工具

情报团队在工作中需要使用各种各样的技术设备和计算机软件,包括复杂的信息收集技术设备、野外实时通信设备、高级的可视化程序等。除此之外,还有一些工具可以帮助团队获取现有的知识数据库中的相关信息,或者帮助团队寻求其他情报专业人士的帮助,如情报百科(intellipedia)[1]、A空间(A-space)和C空间(C-space)[2]。随着更多此类工具的上线,团队的跨机构合作将变得越来越普遍。

然而,团队能否使用这些工具很大程度上取决于这些工具的可获取程度。软件开发者的想法通常与实际情况有出入。他们会对软件使用者说:

---

[1] 情报百科是一个仿照维基百科的网站。
[2] A空间和C空间分别是为分析员和收集员提供协作的空间,仿照MySpace等。

## 第 8 章　给予必要的组织支持，激发团队执行力

"我们在你的计算机桌面上安装了一些很棒的新软件，你和你的团队可以利用它来协调工作。试试吧，你们会喜欢的。"接着，他们就会问："我们能不能和你们的团队讨论一下你们是如何一起工作的，看看有没有障碍或是困难？或许我们的工具能帮到你们。"软件开发者相信自己研发的工具有价值，并希望这些工具能为人所用。但从事一线工作的人们通常希望新工具可以快速见效，若是不能达到这个效果，他们会迅速否定它。这种差异反映的是在技术、咨询和教育资源的开发和部署中，"推力"和"拉力"之间的紧张关系。产品制造商会问，如何才能提升产品的吸引力，让人们愿意来抢购呢？而使用者则会问，为什么没有一种可以直接解决问题的产品呢？

当制造商的技术能力处于世界前沿时，他们和使用者之间的紧张关系就会变得尤为明显。在这种情况下，制造商可能会沉迷于他们所创造的产品，而忽略了使用者的实际需求，最终导致生产出的产品中看不中用。在制造商看来，使用者也应该沉迷于他们的产品，认为他们的产品无以复加地好用才对。在写作本书时，谷歌发布了浏览器应用软件 Wave，它能将多种通信形式整合到一个统一的用户界面中。这款软件可以促使分散的情报团队成员展开协作。但是，这些情报团队中有谁会想到 Wave 软件的创意呢？又有谁会要求软件开发者生成这样一个界面呢？几乎没有。

情报界一直秉持"认真做事"的态度，尽管这非常令人钦佩，但也确实降低了一线情报团队寻求他人帮助的可能性，甚至在团队成员自身能力有限时，他们也不会寻求帮助。因为寻求帮助会让他们走入繁杂冗长的官方程序，最后几乎得不到任何有用信息。他们只能靠自己随机应变，继续前进。因此，通常情况下，技术支持或咨询服务提供者与需要帮助的团队之间的联系是由团队领导者来促成的。优秀的团队领导者可以让提供者意识到，迅速响应团队的直接需求与提供创新工具同样重要。与此同时，

155

他们也能让使用者认识到，在学习新知识上的投资在未来可以得到丰厚的回报。

## 教育支持

下面有一个半导体制造工厂的案例，可以生动地说明教育支持对团队工作的重要性。这个工厂经历了从个人生产模式到团队生产模式的转变。在引入团队生产模式之前，工厂中的每个人都遵循着既定的工作流程，在单独的工作间里工作，完成整个生产任务的一小部分。生产团队成立并被赋予提高生产力和质量这一重要使命后，一切都变了。以前，为了调整生产技术或改进生产工艺，公司的工程师可以随时暂停生产线的运作。现在，由于团队自己负责生产，工程师只能在不干扰正常生产的情况下调整技术与工艺。在改进过程中，工程师偶尔还会花时间向生产团队成员解释生产工艺的各个方面，团队成员与维修人员的关系也得到了改善。以前，当设备出现故障时，生产工人只能给维修部门打电话，然后等待技术人员过来维修。现在，每个生产团队都有一名来自维修部门的助手，他们会经常向生产团队成员展示常规维修的步骤。这不仅加快了故障设备的修复速度，也改善了两个部门之间的关系。

由于推动团队发展是这个半导体制造工厂的一项长期目标，因此，这家工厂有足够的时间进行团队教育活动。但有时，有些团队没有时间去寻求外部支持或帮助。例如，当飞机着陆遇到暴风雨时，当生命垂危的患者进入医院急诊室时，当一个情报小组正在追踪一个发展迅速的恐怖组织却发现他们马上要行动时，他们都没有时间寻求外部支持或帮助。在这种情况下，团队不能通过成员与专家的互动来逐步培养能力。当危机发生时，他们必须都已具备所需的能力。

## 第 8 章　给予必要的组织支持，激发团队执行力

在航空和急救医学领域，团队成员要参与高度仿真的模拟培训，来锻炼自己在真实、高压的环境下的技能。然而，与之不同的是，情报人员接受的培训主要是针对个体的，甚至在某些领域只针对个体。例如，分析人员的初级培训就是帮助个体提升分析技能，如正确使用各种结构化分析技术等。同样，对从事秘密工作的个体的培训，强调的也是个体对其行业工具和技术的掌握。

问题就在这里。团队里的所有成员都拥有良好的技能，但这并不意味着这个团队会顺利运行。确实，第 1 章中描述的 PLG 模拟演习中的所有蓝队成员都拥有高超技能，但是他们在一起工作时就遇到了很大的困难。我们在实验室中也看到了同样的情况：团队中的成员都具有与任务相关的专业知识，如果他们不接受干预，那么团队就不太可能很好地运用这些成员的专业知识，也无法完成具体的任务。

半导体制造工厂的领导者明白，仅有技术专长还不够，所以领导者专门设计了一项培训计划，帮助团队成员发展他们在团队协作、共同领导和管理与其他团队关系方面的技能。如果设计和执行得当，培训可以显著地提高成员的合作技能，并帮助团队实现目标。在本章开始的例子中，飞行员接受的机组资源管理培训包括高度仿真的航线飞行模拟训练，这项训练可以帮助飞行员学习和实践有效的合作策略。如今，这种训练方法已经被应用到医疗机构中，特别是手术团队和创伤治疗团队中。

在撰写本书时，情报部门刚开始进行一些关于团队合作技能的模拟训练。团队在仿真训练中，很容易发现团队能力的提升对团队绩效的影响。正如 PLG 模拟演习训练和准军事特别行动小组的实地训练一样，情报人员也能学到很多东西。如果这种帮助受训者提高团队合作技能的培训能够得到更广泛的应用，那么整个情报部门的团队合作质量势必会得到提升。

157

## 物质资源支持，在过多和过少间找到平衡

想象一下，如果一个团队的成员数量和成员构成恰到好处，能得到所需的外部支持，拥有建设性的团队规范，也能获得信息并制定恰当的任务策略，在遇到问题时还能及时获得咨询帮助和教育资源来渡过难关，那么这样的团队应该很容易实现重要的团队目标，因为这个团队已经具备了本书到目前为止所讨论的所有有利条件。团队成员都迫不及待地希望投入工作中，并期望有一个出色的表现。

现在设想一下，如果团队无法获得执行工作时所需的物质资源，如金钱、人员、场所、交通工具、设备等，会发生什么？这就好比你在盛装打扮后要去听一场期待已久的音乐会，结果车子在你刚启动时抛锚了。在组织生活中，最令人痛苦的事情之一就是团队由于物质资源的缺乏而失败。

当物质资源匮乏时，团队成员通常会尽力利用现有的物质资源将团队工作做到最好。有些团队可能会采取更积极主动的措施，如通过正常的官方渠道或其他手段来确保所需的物质资源。然而，如果物质资源匮乏是长期存在的问题，这种主动行为会越来越少，最终会出现严重的后果：团队成员怨天尤人、自暴自弃。

团队物质资源过于丰富同样会带来问题。在领导者认为非常重要的任务中，团队得到的物质资源可能会远远超过他们实际所需。特别是当他们在远离总部的地方工作时，领导者会这样对团队说："想要什么尽管开口，我们都会满足，为了不耽误你们的工作，以下是你们可能需要的资金和辅助物资。拿着吧，用不着的再还回来就行。"尽管这种谈话听起来十分动人，但它隐含了一个缺点。正是因为团队拥有比实际需要更多的物质资源，团队成员才不会主动权衡可选择的任务策略的利弊。因此，他们几乎

不可能像物质资源匮乏的团队那样制定出一种创新的、经济的任务策略。

**分配物质资源要掌握好分寸，就像在平衡木上行走一样，要在过多与过少之间找到平衡。**不要给得太少，要确保团队刚好拥有他们完成任务所需的物质资源；也不要给得太多，这会导致团队盲目地选择可能是次优的任务策略。最好的团队领导者心里有一杆秤，知道给多少就足够了。如果现有物质资源不足，团队成员会尽其所能寻找更多的物质资源，包括运用政治影响力等。但是，如果一个团队已经拥有了足够多的物质资源，他们就不会主动寻找其他物质资源，也不会创造性地思考如何用低成本获得高回报了。

## 绩效奖励支持，及时给予团队认可

想象一下，如果一个团队已经完成了任务，项目也已经顺利完成，那么有谁会注意到呢？

如同遇到飞机起落架问题的飞行员一样，情报人员往往会表现得不在乎别人的称赞（这都是应该做的）。但事实上，我们都希望自己的成绩能被他人认可。不管我们嘴上怎么说，心里总是高兴的。不管是我们为之服务的客户，还是给我们分配任务的官员，他们给予的哪怕只是一个小小的认可，也会对团队产生极大的影响。如果客户没有及时给予认可，团队领导者可以适当提醒客户，让客户告知团队，他们的工作产生了很好的影响。对专业团队来说，积极的话语与有形的证书一样重要，甚至比现金奖励更重要。的确，以金钱作为激励可以提升个体的工作效率，让他们更加独立，但在团队合作中，作用就没有那么突出了。

对团队的任务表现给予认可和强化时，领导者往往会出现三种错误方式。第一种错误方式是，忽视团队的成功（认为这是团队该做的事情，所以没有必要给出评价），只看到团队的失败。这种方式会导致团队在任务中选择规避风险，而规避风险会阻碍多数工作的顺利完成。事实上，心理学中最完善的原则之一是，正面认可是塑造行为的有力工具，而惩罚要么使人退缩，要么使人转变行为方式，往往会导致不良后果。

第二种错误方式是，找出团队中的最大功臣，并给予特别的认可。这种错误的极端版本偶尔会出现在商业组织中，团队成员为了额外的经济奖励而相互竞争。这种做法会导致成员将注意力从团队工作转移到谁得到了多少奖励上，会破坏为了实现集体目标本应一起工作的成员之间的关系。而很少依靠经济补偿来激发团队成员工作积极性的机构，则很少出现这类严重问题。尽管如此，有时还是会存在个体成员因为团队的成就而被表扬的情况。这些问题其实恰好印证了团队合作在组织中的重要性。因此，如果一个团队完成了这项工作，那么整个团队都应该得到表扬。

第三种错误方式似乎与认可和强化团队成就的整体理念不一致。这种错误方式的具体做法是：为团队的工作制定具体的小目标，并在实现每一个目标后给予奖励，强化成员行为。毫无疑问，这种方式会培养出以结果为导向的强烈动机。但它也有可能导致一些意想不到的后果，比如，诱使行动者抛弃他们的基本道德准则。人们很难抵挡诱惑，为了实现特定的、含有丰厚奖励的目标，他们有时会不择手段，忽视虚假数据带来的麻烦，违反基本的行为准则。

这三种常见错误警示我们，为团队成就提供绩效奖励必须经过深思熟虑，要充分考虑到潜在的不良后果。其中，以团队为中心的奖励确实能维持集体动机，鼓励成员多考虑"我们"而不是"我"。奖励时，关键是要确保团队合作的主要动力来源是团队目标，而不是获得一些物质回报，也不是赢得与另一团队的竞争从而获得决策者赏识（见第11章）。奖励的结果是，团队成员比其他任何人都要清楚谁对完成团队任务起到了重要作用。通常，来自同行的自发认可比来自更广泛的组织的认可更加重要。

## 领导者支持，尽其所能改善组织环境

团队成员和他们所在的环境进行互动是团队日常行为的一个组成部分。尽管团队成员和领导者都倾向于将环境视为"事物在组织中的存在方式"，但实际上，环境对团队的行为和绩效有着重要的影响。我们知道，当一个团队在正确的时间获得了恰到好处的资源和支持时，工作会非常顺利地展开（像上了发条一样）；当组织无法为团队提供所需的支持时，当团队花费了大量时间或精力来从外部获得支持时，或者当外部支持出现得太晚而没有任何用处时，问题会不断叠加。因此，团队领导者的关键责任是尽其所能提供一个支持性环境，而不是一再挫败团队的积极性。

在实践中，领导者在处理团队环境问题时差异很大。有些人只是得过且过，只有在出现环境问题后才被动应战。他们不会事前努力减少这些问题出现的频率或降低问题的严重性，也不会主动为他们的团队提供更好的环境支持。另一些人则把注意力主要放在破除团队的外部障碍上，为了消除这些障碍，他们会求助于管理层，寻找一切可能性。

优秀的团队领导者总是目光长远。他们能够仔细评估团队的需求，然后使用自己的权威，甚至采取政治手段，劝说管理层同事，为团队创造一个支持性的环境。当然，这需要具备管理技能和妥善处理人际关系的能力。但它也需要摒弃那种愤世嫉俗的观点，即认为任何人都无法改变组织的运作方式。事实上，总有办法可以改善一个团队的组织环境，最有效率的团队领导者会尽其所能来促成这种改善。

### 为团队合作提供组织支持的 5 大方面

- 要为团队提供完成其工作所需的各种信息。
- 要为团队成员提供教育和技术资源，扩充成员自身的知识和技能储备。
- 要为团队提供充足的物质资源，以便完成团队工作。
- 要对团队的优秀表现给予充分的认可和赞扬。
- 领导者需要尽其所能改善组织环境。

COLLABORATIVE
INTELLIGENCE

第 9 章

提供适时的团队指导，
最大限度减少过程损失

# 第9章 提供适时的团队指导，最大限度减少过程损失

伦达是一位高级情报分析员，她领导的团队遇到了一个问题，她不知道该如何解决。就在几周前，伦达的上司要求她组建一个小组，对正在计划的海外干预活动可能产生的次级后果进行评估。这次干预活动将有效摧毁违禁物品从生产国流通到销售国的非法渠道。虽然这是秘密进行的，但干预活动肯定会引起违法集团注意，甚至干预活动的负责人也会暴露身份。政府领导特别关心的是，违法集团的领导者会如何应对这次干预活动。他认为，即使计划成功，干预所产生的问题也会比它能解决的问题更加严重。由于干预活动的计划准备工作进展迅速，伦达需要在一个月内完成评估。

伦达的上司给了她自由选择团队成员的权力，并承诺将竭尽全力给她提供需要的人才。她召集的7人小组中有4人来自缉毒部门、外交部门、军事部门和执法部门，另外3人则是对生产国和销售国的政治和经济情况有深入了解的情报分析师。因为团队成员不仅来自不同的组织，还来自不同的地方，所以团队的大部分工作将不得不通过电子设备来进行远程沟通和协调。尽管如此，伦达还是决定邀请所有成员参加一个面对面的启动会议。她认为这很重要，通过这个会议，她可以逐一了解他们，也可以让成员彼此之间了解各自的能力，还能让他们就如何协作完成评估工作达成一致。

**真团队** COLLABORATIVE INTELLIGENCE

除了一名军官和一名情报分析师在会议进入尾声时因其他紧迫的工作暂时离开外，启动会议进行得非常顺利。在会议结束时，团队已经确定并安排了专人负责寻找评估工作所需的额外数据信息和资源。他们还就日程表达成了一致：第一周，团队成员各自工作。在第二周的第一天，团队将再次聚在一起开会，核对已经搜索到的信息，之后成员再次投入个人或小组工作。在第三周开始时，团队将进行为期两天的会议，拟订评估报告框架。在第三周剩下的时间里，成员各自撰写由自己负责的那部分内容。在第四周开始时，团队召开最后一次全体会议，汇编完整的评估报告。伦达会校对报告草稿，之后将其分发给成员进行最终审查，完成后将终稿交给上司。伦达先是致电了两位缺席的成员，给他们分配了各自的任务，然后通过电子邮件与其他人核对信息。一切似乎都步入了正轨。

然而，来自执法部门的成员没有出席第二周的会议，这位成员事先也没有任何说明。想到他在启动会议上不太投入的表现，伦达不禁担心起来。在伦达看来，其他成员为筹备会议所做的工作是可靠的，尽管存在分歧，比如军官和来自外交部门的成员对当地局势和干预计划的前景意见不一。但是，团队没有深究这些分歧。团队成员带着新的任务结束了会议，他们要为下一周的报告框架做准备。

从第三周开始，事情变得糟糕起来。来自执法部门的成员再次出现在会议上，但他对之前的缺席没有进行任何解释和道歉，而且和之前一样，不参与会议讨论，表现得很沉默。另外，军官和来自外交部门的成员之间暗藏的冲突终于爆发了。任何一方说的每句话都遭到对方的反对，有时甚至带有感情色彩。其他团队成员偶尔会就如何解决他们的分歧提出一些想法，但这些想法总是被争论的两人拒绝，这也是他们之间罕见的意见一致的时刻。一整个上午，团队都处在一种压抑的氛围中，一事无成。当大家去吃午饭时，伦达一个人离开了，她希望能想出一个办法来挽救这个正处

## 第9章 提供适时的团队指导，最大限度减少过程损失

于崩溃边缘的团队。以下是伦达想到的可能办法：

1. 解散团队，成员各自完成自己的报告。这是她的第一个想法，且很吸引人。毕竟，按时向上司汇报工作是她的责任，她无法将自己的职业声誉交给这些似乎无法合作的人。此外，团队成员最初完成的任务已经提供了撰写报告所需的几乎所有信息，伦达可以利用这些信息写一份可靠的评估报告了。

2. 提前结束这两天的会议，给每个成员分配具体的撰写任务，然后在她自己起草评估报告时，充分利用他们提供的内容。但她只有在阅读和思考了每一位争论者所写的内容后，才能决定如何处理军官和来自外交部门的成员之间的冲突。

3. 暂停团队会议，利用下午的时间与每个成员私下会面，然后在第二天早上重新召集团队。这样，她也有机会了解来自执法部门的成员到底发生了什么，或许还能帮助他们找到一种更有建设性的参与方式。她也可以对军官和来自外交部门的成员进行调解。至少，分别和二人谈话可能会帮助她想出一个双方都能接受的解决方案，这样整个团队就可以在更坚实的基础上继续工作。

4. 从工作任务中抽出时间来关注成员的人际关系。由于人际问题似乎阻碍了团队任务的整体进展，也许直接解决这些问题会让成员把更多的注意力放在团队应该做的实际工作上。

5. 重组团队。她可以重新审视成立团队的目的，确保它的框架合理、人员构成合适。一个目标明确且更加专注的团队可能会让事情朝着一个新的且更好的方向发展。

每一个办法都有可取之处。但是伦达发现，它们也有明显的缺点，所以她不知道如何选择。

现在想象一下，当她在餐厅思考这些问题时，你刚好坐在她旁边。伦达描述了她的问题和几个解决方案后，向你寻求建议。你会有什么建议？

当我询问遇到类似情况的团队领导者时，最常见的回答要么是自己接手任务、亲自准备最终报告，要么是与那些需要个人指导的成员进行一对一沟通。

然而，由于你已经读了本书的大部分内容，你可能会建议另一种方法。那就是请伦达先回顾一下她的团队设计。这是一支真正的团队还是一支名存实亡的团队？它是否有一个明确的且令人信服的目标？对于要执行的工作，它是否有足够的成员人数和合适的成员构成？团队是否有适当的团队规范？团队是否得到了更广泛、更充分的组织支持？你可能会提醒伦达，任务执行过程中，出现成员脱离和人际冲突这样的问题，根源往往在于有缺陷的团队设计。一开始时就重点关注如何建立团队是不是比直接处理团队在过程中出现的问题更好一些？伦达可能会认为，自己的团队设计虽然不完美，但基本上令人满意，所以一些干预性的指导可能会有帮助。那么，伦达应该如何做，对谁进行指导，什么时候才能让她的团队回到正轨呢？

在本章接下来的内容中，我们将利用之前的研究发现来探讨上述问题。具体来说，我们将探讨：（1）指导的对象（是个体，还是团队？）；（2）指导的关注点（是人际关系，还是任务进程？）；（3）指导的时机（既不要在团队还未准备好之前，也不要过迟，因为两者都不会产生效果）。

第 9 章　提供适时的团队指导，最大限度减少过程损失

## 指导对象，提升团队整体而非个体

他人的指导能帮助人们完成任务。家长帮助孩子学骑自行车就是在进行指导，健身教练帮助客户制订训练计划也是在指导，咨询顾问帮助高管改善个人领导风格或技能同样是在指导。和这些例子一样，大多数关于指导的研究都集中在个人身上。例如，咨询顾问会帮助领导者克服他们的问题，提升他们的领导能力。然而很少有人知道，指导者如何帮助整个团队充分利用他们的资源来实现集体目标。

领导者通常认为，如果能让个体成员朝着正确的方向思考和行动，那么一定能激发出良好的团队动力。这是人们在解释集体现象时更关注个体的普遍趋势的又一例证。对于这种想法，我们可以将其称为"成员归因谬误"，它反映了与之前讨论的"领导者归因谬误"相同的偏见。一方面，团队表现优秀并不等于每个个体都会表现优秀，比如某些成员可能会失信或不作为等（显然，伦达团队中的来自执法部门的成员就是这样）；而个体表现优秀也未必会导致整个团队表现优秀。另一方面，想要团队表现优秀，与其将更多的注意力放在个人提升上，不如放在团队整体提升上。在这方面，可以帮助团队寻找共同的工作方式，建立明确的行为规范，使所有成员参与其中，这样不仅能提高团队的整体表现，还能在过程中促进成员学习，从长远来看更有价值。

我们通过举例来说明这一观点。假设一个大型金融服务公司想要制定领导者发展战略。由于该组织越来越依赖跨部门团队来执行最关键的工作，因此，这些团队中的成员都被要求参加以团队为导向的领导力培训课程。他们接受了性格和人际关系风格的各项测试，还得到了上司、下属和同事对他们在团队合作中的优势和劣势的广泛反馈。他们还参加了小组活动，在活动中获得了队友的实时反馈。大多数参与者都很喜欢这一课程，

169

并反馈说他们在过程中学到了很多东西。

就培训本身来说，这家金融服务公司做得还不错。但是，以个体为中心的培训和发展，不太可能帮助团队解决在过程中产生的问题，也不能创造积极的协同效应。如果你想帮助一个团队做得更好，你需要关注整个团队。因此，在指导团队时，你可以关注以下两点：（1）帮助个体成员增加他们的个人贡献；（2）探索团队作为一个整体如何最大限度地利用成员资源。伦达对来自执法部门的成员进行一对一指导可能会提高他的积极性，提升他与他人合作的能力。但她也可以与整个团队一起工作，来帮助成员认识到，他们一直忽视的人可能会给团队带来比他们想象中更多的东西。

从操作上讲，应如何有效地指导团队？无论是由团队领导者、外部指导者还是团队成员相互指导，直接告诉团队重点都不是最好的开展工作的方式。相反，正确的指导是帮助团队提升管理自身过程的能力。除此之外，指导者还应该对团队正在做的实际工作及成员的人际关系给予同样多的关注。

## 关注点，以任务为导向

人际关系的紧张和摩擦是团队中最常出现的问题。因此，它是指导干预过程中最容易让人注意到的部分。大家都认为，如果我们能让成员在一起和谐地工作，任务绩效肯定会提高。尽管这个推论看起来合情合理，但它既不符合逻辑，也不正确。严重的人际冲突确实会影响团队绩效。在这种情况下，及时的指导干预就很有必要了。但要注意，适当的指导干预并不意味着帮助成员改善他们的人际关系。原因有以下3点：

## 第9章 提供适时的团队指导，最大限度减少过程损失

1.人际和谐也有不利的一面。我们都有过这样的经历：当团队成员相处融洽，每个人都愉快地期待下一次小组会议时，这样的感觉很好。但是，团队和谐也有不容忽视的缺点。首先，如果团队成员之间有良好的感情和同志情谊，就有可能产生群体思维，团队行动的不同意见可能会被忽视或压制。有不同意见的成员可能存在顾虑，因为他们不想提出令人不安的问题，破坏团队气氛。

此外，尽管成员之间存在人际摩擦，但许多团队还是做得很好。在我们对专业交响乐团的研究中，尤塔·奥尔门丁格（Jutta Allmendinger）、艾琳·雷曼（Erin Lehman）和我发现，成员的人际关系质量与乐团整体的演奏水平几乎没有关联（事实上，这两者之间甚至有些负相关，关系不好的乐团演奏得还要好一点）。下面是奥菲斯室内乐团的双簧管演奏者兼指挥马修·戴恩（Matthew Dine）对演奏者之间的关系和他们是如何共同演奏的描述。

> 乐团是一个整体，不仅要演奏，还要演奏得完美，这与每个人都息息相关。你可以看出，有些人彼此讨厌；有些人在一起很长时间了；有的人几年前在和这个人约会，现在又和那个人在一起了。这个乐团里到处充斥着冲突，无论是在人际交往上，还是在音乐上，或是其他方面。事实上，我认为这些冲突造就了这个乐团。没有人能每天都在家里做一个好孩子，相亲相爱，对别人说："这个主意太好了，让我们来试试。"他们的情况太令人惊讶了。

当然，乐团也适用同样的原则：尽管成员之间的冲突和少数人观点的表达可能会引起不快，但它们也会促进团队学习，增加团队想出创造性点子的可能性。因为有经验的团队指导者知道这一点，他们有时会让事情

171

顺其自然发展，让紧张局势持续一段时间，而不是立刻冲进去解决或缓和人际关系问题。

2. 人际关系上的问题可能是由更基本的问题引起的。事实证明，在团队中观察到的人际冲突，往往源于团队的目标、设计或构成上的缺陷。例如，在伦达的团队中，军官和来自外交部门的成员之间的冲突可能更多地与他们所在组织的不同有关，而不只是他们自己的行为和互动问题。在其他团队中，人际关系问题可能来自对团队应该完成的任务的模糊理解，来自过大的团队规模，或者来自只针对个人的奖励系统，这种奖励系统使成员之间为了获得认可、报酬或晋升而相互竞争。

由只针对个人的奖励系统引起的人际关系问题，有这样一个特殊案例，该案例来自组织心理学家杰克·伍德（Jack Wood）对一支职业冰球队的研究。该球队是美国国家冰球联盟（NHL）球队中最优秀的预备队，但是球队中冲突严重的人际关系让球队教练十分困扰。事实证明，对每个球员来说，最重要的不是对比赛的热爱，也不是球队的输赢，而是对个人的奖励。根据表现，他们会晋升到NHL母队或被降级到低级别的预备队，甚至被遣送回家。奖励系统的竞争属性实在太突出了，这就不可避免地导致了队员之间的关系无论是在赛场上还是在平时都很紧张。更糟糕的是，教练对晋升母队的政策和现实状况没有任何影响力，因此队员之间的矛盾很难平息。教练为解决成员之间的人际关系问题而采取的任何干预，充其量只能有暂时的改善作用。对于冰球队和其他团队来说都一样，在有缺陷的环境下运作，问题肯定会重新出现，除非问题从根源上得到解决。

3. 人与人之间的和谐状态可能是一种结果，而不是原因。有研究表明，因果箭头实际上可能指向相反的方向，所以良好的人际关系会带来良好的团队表现，这种普遍认可的观点还有待确认。一个团队的绩效可以在很大程度上影响成员之间的互动质量，至少也会影响成员对彼此的看法。回想一下第3章的实验。在这个实验中，实验人员先提供给团队一个关于他们绩效的错误反馈，然后要求他们"客观"地描述团队的合作过程。与那些误认为团队绩效较差的成员相比，认为团队绩效良好的成员给出了更多关于成员之间人际关系的正面评价。

综上所述，若是为了解决人际关系问题或促进积极的团队协作进行指导干预，效果可能是不稳定的，这一点也不奇怪。此外，已被证明能提升效率的干预方法（如名义群体法和德尔菲法）几乎都会对成员互动进行结构性分析，以减少团队在过程中的损失，从而避免团队走弯路。其中，有一些干预方法甚至取消了面对面的互动（见第4章）。

如果正确的指导干预的重点不是培养和谐的人际关系，那么应该是什么呢？**研究表明，当指导干预直接关注团队的实际工作时，就能获得很好的效果。**将任务导向型干预和人际导向型干预的效果进行比较，结果一目了然，前者明显优于后者。我们的研究还表明，使用指导干预处理本书中讨论的决定任务绩效的3个关键过程，可以产生最大的作用。在这3个关键过程中，指导者应该帮助团队避免过程损失，获得协同效应。但如何以及何时才能最好地实现这一目标还有待探索。

## 时机，干预宜迟不宜早

为了做出适时、适当的干预，团队领导者首先需要仔细观察团队：哪些具体问题需要纠正？在表象之下有哪些改进的机会？应该多快采取行动？伦达的案例中，她是否应该在发现团队成员参与不积极和存在人际冲突问题时就立即着手解决？她是否应该给团队成员留出一些自己处理的时间？如果成员没有这么做，伦达是否要在行动前给自己更多的时间观察和思考呢？

这是一个两难的问题。快速干预更有可能在问题恶化之前纠正问题。但过早采取行动也会增加团队成员对领导者的依赖，并有可能削弱团队的自我纠正能力。延迟干预会让领导者积累更多的诊断数据，让团队成员有机会纠正自身的问题并从中相互学习。但是，这也有可能使问题升级到难以解决的程度，或者导致团队错失这个学习机会。

经验丰富的指导者和新手指导者在处理这些问题时有何不同？为了找到答案，组织心理学家科林·菲舍尔（Colin Fisher）招募了一些人，他们要么拥有丰富的指导团队的经验，要么几乎没有这种经验。菲舍尔要求他们观看一段情报分析团队工作的视频。这些指导者看完视频之后，需要报告哪些团队动态吸引了他们的注意，他们会根据自己的观察采取哪些指导干预措施。

事实证明，经验丰富的指导者更倾向于在团队层面进行观察和干预，而不是将事情发生的责任归咎于个体。此外，经验丰富的指导者在采取纠正措施之前要比新手指导者等待的时间更长，这样他们会收集到更多的数据来决定选择何种干预措施。

菲舍尔的分析还表明，指导者的干预措施需要一段时间才能发挥作用并影响团队绩效。尽管指导可以立即改善团队决策过程，但直到团队进行下一项任务时，指导干预的效果才会显现。这也是维持团队稳定的另一个原因：与那些成员不断变化的团队相比，成员相对稳定的团队更能吸收和利用他们的经验教训（见第4章）。

## 团队生命周期，在不同阶段对症下药

在团队生命周期的不同阶段，可以给予不同类型的指导干预。组织心理学家康妮·格西克（Connie Gersick）曾跟踪了一些项目团队，这些团队的任务周期从几天到几个月不等。她发现，每个团队在启动任务后都会建立一种独特的方法来推进任务，直至任务进行到一半。这时，所有团队都会经历一个重大转变，比如，成员角色和行为模式发生了变化，与外部权威人物或客户需要重新接触，要为继续推进工作探索新策略等。在这个中间阶段发生转变后，团队就会进入一个专注于任务执行的阶段，直到项目接近截止日期时。这时也会出现一系列与项目收尾有关的新问题，并引起成员的注意。不同于以前主流的团队成长发展模式——"组建团队—内部震荡—制定规范—执行成长"，格西克的研究提供了一种令人耳目一新的理论。具体来说，如图 9-1 所示，它显示了团队在生命周期的不同阶段所需要的不同类型的指导干预。

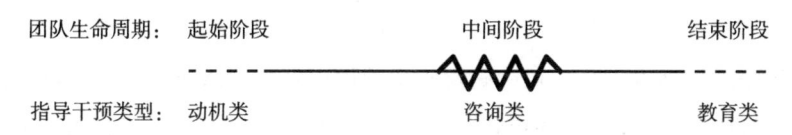

| 团队生命周期： | 起始阶段 | 中间阶段 | 结束阶段 |
| --- | --- | --- | --- |
| 指导干预类型： | 动机类 | 咨询类 | 教育类 |

图 9-1　提供指导干预的恰当时机

资料来源：基于《真高管》第 6 章的研究。

### 起始阶段

当一个团队刚刚开始工作时，易于接受动机类干预，此类干预关注的是成员在工作中的努力程度。这样的干预不仅可以显著减少搭便车现象，还有助于为团队及其工作建立高质量的共同承诺。良好的团队开端至关重要，因为这是一个团队在起步之初建立行为规范的绝佳时刻。也正因此，帮助团队建立良好开端常常被视为一种极有力的指导干预。

从团队成员的角度来看，最紧迫的初始任务是了解团队成员，明确队友身份，区分成员角色，弄清任务需求。领导者在团队启动时就要将团队组建成一个完整的执行单位，培养出良好的集体工作动机，并帮助团队开始独立运作。这些目标最好是面对面地完成，就像伦达要求她的全体成员参加启动会议一样。这是一个好主意，尽管她的团队大部分工作都是在不同地方由不同成员各自完成的。有时，领导者会让他们的团队成员在启动会议上讨论他们的工作策略，但其实为时过早。当团队刚刚起步时，他们还没有思考过如何解决工作中的问题。正如下面将要看到的，只有当成员在任务中积累了一些经验之后，他们才会准备好接受以策略为中心的指导干预。

## 中间阶段

当团队的任务时间过了一半，成员开始接受帮助他们反思和改进绩效策略的咨询类干预。在中间阶段干预可以帮助团队避免过度依赖可能不适合团队任务的常规惯例，并有助于开发出适合团队任务和当下形势的工作策略。

在中间阶段，良好的咨询类干预可以让团队成员反思哪些工作方法是有效的，哪些是错误的或根本不起作用的。现实中，即使是最好的团队也有陷入不必要的细节或离题的时候。耐心的领导者会让这种情况持续一段时间，然后，当团队准备好反思时，领导者会抛出一些问题，比如："任务是如何执行的？""哪些方法没有效果？""到目前为止，我们应该完成哪些事情，又不应该做哪些事情？""在接下来的时间里，我们应该做出哪些改变？"这样一来，接下来的讨论会对团队顺利完成工作有极大帮助。

将以策略为中心的指导推迟到团队准备好接受的时候,这一点十分重要。安妮塔·伍利进行的实验比较了两种不同的干预措施,一个侧重于改善成员之间的人际关系,另一个旨在帮助成员开发合适的任务绩效策略。每个小组只能接受一种干预,时间可以选在起始或中间阶段进行。如图9-2所示,只有在团队生命周期的中间阶段进行的策略干预对团队绩效才有积极的影响。

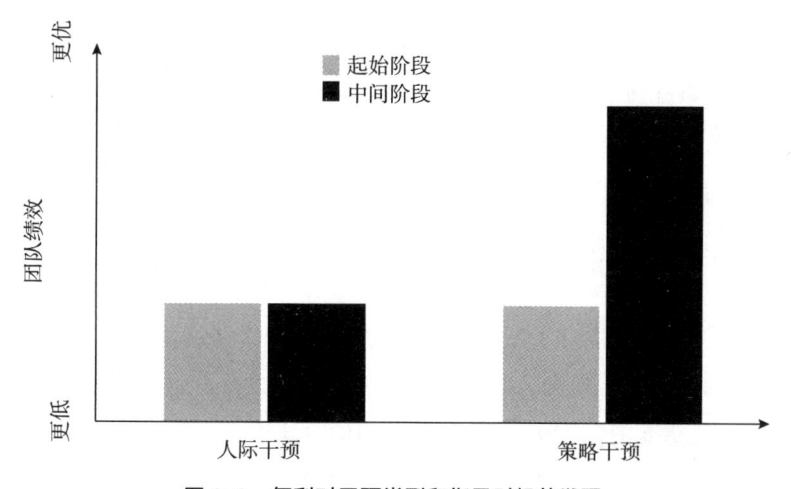

图 9-2 伍利对干预类型和指导时机的发现

资料来源:基于安妮塔·伍利 1998 年的研究。

伍利的发现进一步证明了等待的智慧。在伦达的案例中,她最终选择不对自己的分析团队进行干预。对她来说,干预的最佳时机应该是在为期四周的任务期限中第二周结束、第三周开始时,有趣的是,这正是她坐在餐厅,试图想出她能做些什么来拯救团队的时候。

另外,需要注意的是,中间阶段不是教授团队成员新技能的好时机。如果团队在中途发现团队任务因为成员能力不足而受到影响时,那么最好的解决办法是寻找团队之外的人来帮忙,而不是抽出时间让成员磨炼自己的知识或技能。反思性学习最好在晚些时候进行，比如，当小组完成了整个任务或者工作达到了一个重要里程碑的时候。

## 结束阶段

一旦任务的主要部分完成，团队就要开始准备接受教育类干预，帮助成员利用他们的经验来补充团队的知识和技能资源。一次系统的汇报不仅有助于团队成员个人的学习，还可以帮助整个团队学到如何在未来的任务中更好地部署成员的才能和经验。具体来说，这种干预不仅可以帮助团队最大限度地降低对成员能力的衡量偏差（个人的影响力与个人实际所知不相称），还能促进成员之间相互学习和指导，从而提高团队的整体能力。

当一个团队完成了它的任务时，成员就会积累到他们需要从团队经验中学习的几乎所有信息。此外，成员对能否完成任务的焦虑也会烟消云散，这是很重要的，因为人们在充满焦虑的时候学习效果难以保证。最后，在这一刻，成员通常会有反思的时间，而在匆忙完成一项任务时人们很少会留有反思时间。任务汇报可以非常直接："哪些工作顺利？""哪些不顺？""哪些可能帮助我们将任务完成得更好的资源没有被用上？"只要提出这些简单的问题，就能引发成员讨论，让每个人都能有所收获。过程中，指导者可能需要做一些调查，以确保成员的讨论是基于有效数据之上的。

想要引导一个团队做好汇报，难点在于成员怎样汇报。如果让他们自己去做，成员不太可能自发地思考他们从经验中学到了什么。如果团队任务成功了，成员可能对庆祝更感兴趣，而不是反思；如果没有成功，他们可能会为失败找借口，而不是思考他们可以从失败中学到什么。即使是团队领导者，他们也可能只对完成本次任务和进入下一项任务更感兴趣（就像伦达最终代表团队提交了自己完成的分析报告那样），而不是将时间花在一个已经完成了任务的团队上。这就是军事组织将行动后评估列为正式要求的原因之一。团队领导者也可以向军事组织的领导者学习，让成员先花一点时间从团队任务中吸取经验，之后再宣布团队任务完成。

## 时刻关注，在飓风来袭时要适时干预

让我们来回顾一下：如果一个团队在完成任务时投入了大量的精力，使用了与任务和形势相匹配的绩效策略，并适当地利用了成员的知识和技能，那么这个团队会比那些过程管理很差的团队表现得更出色。指导干预对团队管理这些影响绩效的关键过程非常有帮助，但是，正如我们所看到的，每一项干预都是在团队生命周期中某个特定的、可预测的时间点（当成员准备好接受某种特定类型的帮助时）进行的。如果团队还没有准备好就进行指导干预，例如在成员正忙于完成紧急的子任务时，指导者便提出关于团队规范的问题，这对于任务的完成就不太可能有帮助，甚至可能影响团队的进展。

那么，对于那些一年到头、从早到晚、从不间断工作的团队，应该如何进行指导干预呢？如果团队任务没有起始、中间或结束这几个阶段，指导者应如何确定在何时进行指导干预呢？事实上，团队任务总会有阶段划分。如果它们不是自然发生的（如通过季节或生物周期），那么团队或他们的领导者就会人为划分出周期，并明确相应阶段。我和大卫·阿布拉米斯（David Abramis）曾研究过一家工厂，这家工厂一直在运作，从未中断过。但工厂的领导者将一年分成许多个以六周为一个周期的绩效周期。在这些人为划分的时间周期中，任务的完成进度与起始、中间和结束这3个阶段高度对应，这样一来，进度也就被明确划分出来了。划分财务报告周期的季度和组织学校教育活动的学期具有相同的特征，它们是任意的，却也给集体活动设定了一个规律。即使它们不是真实的起始、中间和结束3个阶段，它们仍然为指导干预创造了机会。

在一些其他的不可预测的时间点上，领导者的指导干预也能起到帮助作用。例如，成员在执行任务时都有可能陷入激烈的冲突或僵局，或就一些与任务无关的问题展开长时间的讨论。帮助团队处理此类问题的指导干预可以及时消除弥漫在团队中的挫败感，使团队回归到一条更有成效的道路上来。事实上，**任何时候，当出现问题或是正常的规律被打乱时，都可以进行一些特别的团队指导。**

不可预测性事件时有发生，所有人都必须准备好齐心协力应对突如其来的危机。当飓风来袭时，决定何时发生危机的是飓风，而非团队领导者。话虽如此，事实上，即便是在危机形势快速发展的情况下，领导者适时干预的机会通常也比人们想象的要多得多。例如，当患者出现意外需要立即手术时，手术室团队就要立刻召集起来。这时，手术室里的外科医生、麻醉师和护士组成的团队看起来和提前安排好的手术团队没什么不同，但在紧急情况下，还是会有很多不同点。许多外科医生喜欢在手术前对患者的情况做个简单说明，但在紧急情况下没有时间进行这一步骤。

如果在紧急情况下，外科医生仍在说明患者情况，会发生什么呢？对于患者来说，下面两种情况哪种更糟糕呢？（1）手术团队花时间将所有准备工作做好，但患者的病情有可能恶化；（2）手术团队没有沟通患者病情就直接进行手术，这可能会导致在过程中出现协作不力的问题，造成更危急的情况。大多数外科医生可能更担心手术延误问题，而不是团队协作问题。实际上，只有少数情况下，将手术推迟几分钟才会造成致命的后果；大多数情况下，本应顺利进行的手术最终却以失败告终，这些悲剧是由与团队相关的沟通不到位和协作不力造成的。

如果相关科室的所有员工之前都接受过快速组建外科团队的策略培训，经常实践这些策略，并且已经将这些策略内化为自己的第二本能，结果会怎样？成员能否提前为即将到来的手术做好准备，让手术正常、快速启动呢？在完成任务的过程中，团队是否也可以对任务策略进行检查，并在任务完成后进行一个快速有效的汇报呢？虽然我不知道有哪些研究与这些问题直接相关，但即使在危急情况下，适时的团队干预机会也肯定比通常认为的要多。危机发生并不意味着干预时机变得无关紧要。事实上，在危急情况下，以团队为导向的指导干预可能比在正常情况下更重要。

## 指导团队行动的 5 大方针

尽管伦达几乎没有为她所领导的分析团队提供任何指导，但该团队还是按照要求提供了成果。因此，缺乏指导并不意味着一个团队注定要失败。如果伦达的团队接受了指导，他们能得到一些帮助吗？答案是肯定的。那么，该如何进行指导呢？下面是 5 大指导方针。

**1. 注意指导干预的时机。** 起始、中间、结束这 3 个阶段都很重要。在领导团队的过程中，没有什么比良好的开端更重要了。在团队工作进行到一半的时候，问题和紧张的气氛会逐渐累积，工作进展开始变得缓慢，甚至完全停滞，这时，最适宜进行咨询类干预。最后，无论是对于个人还是对于集体而言，最好的学习时机莫过于工作（或工作的重要部分）完成后，这时成员终于有时间反思自己的经历。最好的团队领导者会密切关注团队工作的自然节奏，并根据这些节奏量身定制他们的干预活动。

2. 对意外的、不寻常的或不幸的事件列出多种可能的解释。当某个团队成员行为不端时，人们通常会推断这个人有问题。但事实果真如此吗？这一点需要引起团队领导者的关注。当成员之间发生冲突、导致团队两极分化时，我们很自然地会认为，必须尽快解决冲突；当团队中没有人努力地完成任务时，我们很自然地会想劝诫团队更加努力。实际上，每一种困难都有多种解释：也许这个人已经被其他成员边缘化了；也许这种冲突反映的是成员之间实质性的分歧，而不是人际关系问题；也许成员的懈怠源于设计糟糕的团队任务或过大的团队规模。优秀的团队指导者，就像优秀的医生一样，从不会从表面上看问题，也不会立即着手解决问题。相反，他们会列出多种假设，假设是什么导致了眼下的困难，并寻找任何可以获得的数据以确定问题的根源。只有到那时，他们才会采取行动。除了分析当前的问题，在许多情况下，我们还需要关注团队本身的目标、组成或结构。

3. 让引起焦虑的行为模式持续一段时间，然后再处理它们。没有人喜欢生活在焦虑和不确定中，包括那些最终要对团队绩效负责的领导者。尽管人们希望在现实中尽可能地去消除不确定性和焦虑，但让事情顺其自然地发展一段时间可以增加学习的机会，对团队来说如此，对领导者来说更是如此。优秀的团队领导者能够把握好时机，可以判断出何时应该按兵不动，静观事态发展，何时应该立即行动，将隐患扼杀在摇篮中。

4. 用你自己独特的方式指导。没有一种最好的指导风格，也没有一套固定的指导规则要遵循，更没有复杂的决策图表详细规定指导者在不同情况下应该做什么。关键是尽自己所能，在帮助团队将过程损失减至最少的同时，抓住机会获得更多过程收益。优秀的团队领导者往往都很了解自己，他们懂得扬长避短，展现自己的个人风格偏好。

**5. 积极鼓励团队成员提供帮助**。指导不是一个人的表演。在成熟的团队中，当有成员遇到难题时，身边的其他成员也可以进行一对一指导；有时普通成员也能对团队整体进行指导，帮助整个团队克服困难、向前推进。事实上，在第 10 章中我们将看到，在团队中鼓励同伴相互指导，可能是团队领导者帮助其团队取得成功的最有影响力的行动之一。

### 适时提供团队指导的 5 种方法

- 既要关注个体，帮助成员提升他们的个人贡献；也要关注团队，探索团队作为一个整体如何最大限度地利用成员资源。
- 任务导向型干预比人际导向型干预的效果更好。指导干预 3 个关键团队过程，可以最大化干预作用。
- 不要在团队还未准备好时就提供指导，也不要过迟，否则会导致指导无法产生效果。
- 针对团队工作的起始、中间和结束阶段，分别进行不同类型的指导。
- 在任何时间，当出现问题或者正常的规律被打乱时，都可以进行特别的团队指导。

第三部分

如何领导高效团队解决难题

COLLABORATIVE
INTELLIGENCE

# COLLABORATIVE INTELLIGENCE

导 读

本书的最后一部分，将向那些在创建或领导团队过程中遇到困难的领导者，那些管理团队日常运营的领导者，以及那些希望帮助更多团队更好地完成总体任务的指导者提供一些启示。

在简要回顾了提升团队有效性的 6 个条件之后，第 10 章将考察情报团队领导者如何分配他们的时间和注意力，即他们实际做了什么来帮助他们的团队取得成功。事实证明，他们往往将关注点放错了地方，比如，他们更重视实时管理，却很少创造条件让团队进行自我管理。

对此，我提出的"60-30-10"法则可以提供一些帮助。这条法则表明，一个团队的最终表现有 60% 取决于团队领导者所做的前期工作的质量，30% 取决于团队的初始启动情况，只有 10% 取决于团队开始工作后领导者所做的直接指导。当将更多的注意力放在前期准备和启动工作上时，团队就能更好地管理自己的工作过程，更多地依靠同侪教练来增进学习和纠正方向，而不是依赖团队领导者的指示。

第 11 章是在过去几年里和我交谈过的一些情报专家的一系列观点。每个观点都指向了在完成任务过程中可能会遇到的阻碍，但同时也指出了在整个情报领域中进行建设性变革的机会。虽然我从未想象过这些阻碍（如忽视专业知识、过度依赖竞争、未经思考地过度使用团队）可以在短期内被破除，但我确实认为，它们所指向的问题值得情报团队领导者乃至其他团队的领导者持续关注和深入思考。

# COLLABORATIVE INTELLIGENCE

第 10 章

把握领导高效团队解决难题的关键

## 第 10 章　把握领导高效团队解决难题的关键

前文探讨了提升团队有效性的 6 个条件。当这些条件都具备时，团队成功完成任务的概率就会增加。与此同时，个体成员和团队整体的能力也得到了提升。这对团队领导者的启示似乎很明显：设计好你的团队并给予全力支持，然后尽你所能帮助成员充分利用有利的工作环境。

所以，花点时间回顾一下你领导或服务的团队。这个团队是否具备以下 6 个条件？你可以根据表 10-1 的内容进行检查。

- 团队是一个真正的团队：一群有边界的人在一段时间内共同完成一项任务，而不是一群身份模糊的个体聚在一起，他们只是一个名义上的团队（见第 4 章）。
- 团队的目标重要且富有感召力，目标中明确规定了期望的最终状态，但实现目标的方法由团队自行决定（见第 5 章）。
- 团队成员的数量恰到好处且构成良好，这些成员具有工作所需的能力，并且擅长与他人合作（见第 6 章）。
- 团队有明确的行为规范，这些规范既能使成员的能力得到充分发挥，又能使团队绩效策略得到积极实践（见第 7 章）。
- 团队的组织环境为团队提供了完成工作所需的物质、技术和信息支持，当团队取得了良好的绩效时，组织支持中的奖励系统能及时给予认可和强化（见第 8 章）。
- 团队能获得有效、适时的指导，这些指导在帮助成员解决问题的同时，帮助团队抓住新机会（见第 9 章）。

表 10-1　团队设计检查清单

| 在这6个条件上我们表现得如何？<br>　A　　B　　C　　D　　F<br>优秀　　一般　　较差 | 如何强化这些条件？ |
|---|---|
| ■ **真正的团队**<br>——能够明确区分谁是团队成员<br>——成员们相互帮助完成工作<br>——团队成员构成稳定<br>□ 整体 | 可能的行动 |
| ■ **富有感召力的团队目标**<br>——团队目标十分明确<br>——团队目标需要付出努力才能达成<br>——团队工作对别人来说很重要<br>——团队目标没有规定实现目标的程序和细节<br>□ 整体 | 可能的行动 |
| ■ **合适的成员**<br>——成员具备良好的任务技能和团队合作技巧<br>——团队中没有拖后腿的成员<br>——成员数量恰到好处且构成良好<br>□ 整体 | 可能的行动 |
| ■ **明确的行为规范**<br>——团队的行为规范是明确且合适的<br>——团队的行为规范能够使团队充分利用成员的能力<br>——团队的行为规范可以使绩效策略得到积极实践<br>□ 整体 | 可能的行动 |
| ■ **必要的组织支持**<br>——团队随时可以获得工作所需的各种信息<br>——在需要时，及时提供教育支持和技术援助<br>——对良好的团队绩效给予认可和强化<br>——团队可以得到工作所需的物质资源<br>□ 整体 | 可能的行动 |
| ■ **适时的团队指导**<br>——团队能够随时获得指导帮助<br>——指导者有能力解决团队中存在的问题<br>□ 整体 | 可能的行动 |

如果你的团队具备了上述提到的大部分条件，那么恭喜你，这支团队很有可能获得成功。当然，这并不能保证一定成功，因为哪怕是执行任务时的一些意外也有可能使一个设计和指导都非常出色的团队偏离正确的轨道。但研究表明，具备这 6 个条件的团队确实比没有具备这些条件的团队表现得更好。事实上，正如第 3 章所指出的，一些研究已经发现，这些条件的存在可以使团队表现提升 50% 甚至更多。然而，要求领导者创造并维持这 6 个条件，说起来容易做起来难。为了了解领导者工作中的难处，以及怎样才能提高他们的影响力，我们首先来看看情报团队的领导者在工作时是如何分配时间的。

## 内外兼顾，使团队更有效

在我们对美国情报团队的研究中，迈克尔·奥康纳和我让 6 个情报组织的 64 个分析单位的成员对他们的团队领导者在分配时间和注意力方面进行排名。如图 10-1 所示，这些团队的领导者将他们的大部分注意力都放在了合理安排工作上。排名第二的是管理外部关系，这可以确保团队拥有开展工作所需的资源，有助于消除可能影响团队绩效的阻碍。排名第三的是指导个体成员，最后才是指导团队。

将指导团队放在最后，可能是由于我们研究的团队领导者忙于其他工作，没有给予团队指导太多的关注。或者，他们的团队已经有了合理的结构且得到了相关支持，因此，相对而言，不太需要领导者的过多指导。又或者，正如领导者经常认为的那样，他们的团队会自行解决任务执行中遇到的各种细节问题，因此不需要他们过多地干预。

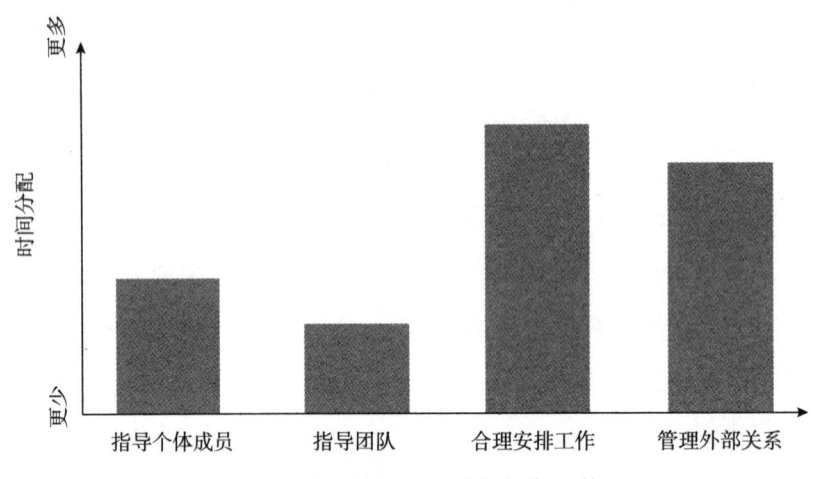

图 10-1　分析型团队领导者如何分配时间

资料来源：基于哈克曼和迈克尔·奥康纳 2004 年的研究。

不管出于什么原因，领导者不重视以团队为中心的指导并非情报界独有的现象：首席执行官的时间分配方式与分析型团队领导者的时间分配方式几乎相同。

然而，这种普遍情况下，有一个值得注意的例外。如图 10-2 所示，较差的团队和表现一般的团队的领导者都表现出了标准模式，他们明显更关注外部事务，而不是与团队一起工作。优秀的团队的领导者并没有表现出相反的情况。他们将自己的时间和注意力均衡地放在外部和内部事务上，对于实践指导，既没有忽视它，也没有过度依赖它。他们清楚地认识到，为了帮助团队取得成功，外部事务与内部事务都很重要，如提供支持、清除阻碍和给予机会等，但同时也要确保团队本身的结构适当，且得到了好的指导。

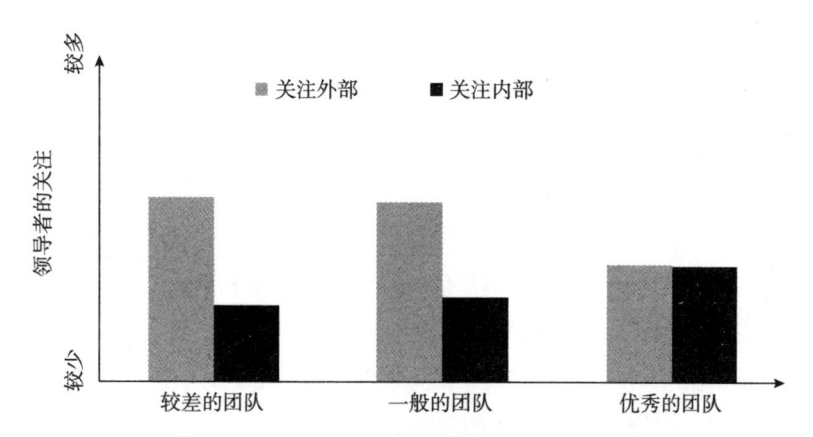

第 10 章 把握领导高效团队解决难题的关键

图 10-2 各类团队的领导者对内外部的关注情况

资料来源：基于《让高管团队更高效》第 6 章中的研究。

## "60-30-10"法则，稳健把控绩效表现

在一个团队的生命周期中，领导者在什么时间点进行干预会对团队行为和绩效产生最大的影响？我们的研究结果表明，当成员真正开始工作时，影响团队行为和绩效的最有利条件已经形成了。领导者在团队成员第一次见面之前所做的事情往往会对团队的发展产生决定性的影响。第二重要的是团队启动过程中发生的事情。而领导者在团队开始工作后所做的努力虽然也很重要，但只能排在第三位。

让我粗略估计一下这些干预对绩效表现产生的影响。我认为，一个团队最终的绩效表现，60% 是由团队领导者所做的前期工作的质量决定的，30% 取决于团队的启动情况，只有 10% 取决于领导者在团队已经开始工作后所做的其他努力。

"60-30-10"法则并不是说团队过程不重要。相反，我们在前文中

已经看到，团队的精力投入、绩效策略适配性以及人才利用率，这3个团队工作的关键过程的质量对团队的绩效有着重要的影响。我们在第9章详细介绍了对团队进行指导干预的类型和时机，做好及时的指导对团队管理这些关键过程非常有帮助。然而，这类干预对整个团队的绩效表现影响有限。举一个相关的例子，一旦火箭离开发射台，它就会进入预定轨道。那些发射火箭的人所能做的，只是在过程中做出一些小的修正，如果事情变得非常糟糕，整个计划都会搞砸。团队也是如此。一旦开始运行，领导者可以加速团队工作开展的进程，但不能改变其基本进程，除非他控制了整个团队，但这种控制实际上是在摧毁团队。

因此，团队领导者的工作就是尽早完成尽可能多的事情，以帮助团队走上正轨，然后通过提供适时、适当的指导来促进团队的工作。下面，我们将描述领导者为组建新团队需要做的准备工作有哪些，然后我们会讨论如何启动团队，最后我们来探讨当一个团队开始运转后，领导者应如何指导团队。

**准备过程**

创建时的初始条件对系统后续发展的影响比任何其他单一因素都要大。无论是非生命系统（如最初的宇宙大爆炸状态）、生命有机体的发展，还是社会系统（如工作团队）的进化，都遵循这一原则。因此，在团队发展的"60-30-10"法则中，准备工作是最重要的。

在团队目标、团队设计和团队组成方面，团队领导者的最初选择对团队的工作进程来说是非常重要的，这些内容最终会影响团队在3个有效性标准上的表现：团队达成目标的程度；作为一个整体，团队能力是否得到逐步提升；团队个体成员在过程中学到了多少。然而，具有讽刺意味的是，许多领导者在团队的首次会议之前几乎什么都没有做。这一点很令人担忧，因为这会减少团队步入正轨的机会。

在一个团队形成之前，实际上，领导者是有机会思考清楚需要完成哪些事情的。这样的思考非常有必要，它通常会使一个模糊或不明确的目标变得更加清晰。过程中，领导者也可能会想到这样一个问题：组建团队是否真的是实现这个目标的最有效或最合适的方式？如果决定继续由团队来达成这个目标，那么领导者就应想到以下几个问题：需要什么样的团队？团队可能会遇到哪些阻碍？需要做哪些准备工作来消除这些阻碍？如何更好地组建并支持团队？一旦开始工作，如何向团队提供有效指导？这些也都是本书一直在讨论的问题。领导者在创建团队前对这些问题进行深入思考，通常会找到帮助团队更快、更好地推进工作的方法。

除上述问题外，还有一些领导者可能很少会思考到的问题，这些问题同样也能产生重大的影响，比如，即将加入团队的人准备好一起工作了吗？团队合作中是否存在可以提前预测的困难？是否有一些成员根本不愿意待在团队中？团队中是否已经存在一些小群体？这些小群体之间是否有既存的历史问题使他们很难合作？如果是这样的话，在第一次团队会议之前，至少要打几次电话或拜访一下这些人，着力解决这些问题，从而促进成员做好与其他成员共事的准备。

如果团队任务非常重要，或者团队的任务周期很长，那么领导者可能需要进行更多实质性的干预。比如，一位首席执行官带着他的高管团队在哥斯达黎加的热带雨林进行了为期一周的徒步旅行，这个团队是由最近合并的两个竞争组织的成员组成的。还有一位首席执行官让他的高管团队一起做了一顿饭。不少团队领导者会带领他们的团队进行绳索课程、信任练习（当你向后倒时，你的伙伴会接住你）等团建活动。

**真团队** COLLABORATIVE INTELLIGENCE

尽管这些活动的参与者觉得它们很有趣，但很难找到证据证明它们后续会对团队绩效有实质性影响。因此，具有创造力的团队领导者通常不会采用一些预先设计好的团队发展计划，而是会先弄清楚自己的团队成员在一起工作时需要什么，然后找到自己的方法，在特定的情况下完成这些准备工作。举例来说，我们来看一位女子篮球队的教练是如何完成下面这个看似不可能完成的团队发展挑战的。凯茜·德莱尼·史密斯（Kathy Delaney Smith）是哈佛女子篮球队的教练，在2005年土耳其举行的世界大学生运动会上，她被邀请执教美国队。虽然她的球队由美国最好的大学生球员组成，但她只有4天的训练时间让她们做好准备。更糟糕的是，这12名球员是从100多名选手中选拔出来的，来自平时相互竞争非常激烈的各所大学，而现在，她们又要为首发席位进行激烈的竞争。凯茜怎样才能把这些有能力的个体整合成一个真正的团队呢？

在球队首次训练前的一个月，凯茜就开始培养这支队伍了。通过电子邮件，她将团队分成若干两人小组和三人小组，每一组都由她认为关系不太融洽的队员组成。每个小组都被分配了特定的任务，即球队成员要在正式集合训练之前，通过电话和电子邮件等方式共同协作来完成任务，如找出土耳其最好的博物馆，或是总结土耳其的近代史，抑或是找到一种教学法来教球队其他成员学习土耳其语。

运动员们抵达位于科罗拉多斯普林斯的奥林匹克训练中心时，个个精力充沛。每个小组都向包括队友、教练和美国队全体工作人员在内的观众进行了任务汇报，大多数汇报都很有趣。凯茜报告说，成员显然已经建立了紧密的联系，进入角色的速度也非常快，这个团队开始像一个真正的团队一样运转了。这一方法十分奏效，最终美国队在土耳其赢得了金牌。

在团队是一盘散沙的情况下，通知团队成员在某个封锁区域集合并开展一次行动，这种行为很少会被认为是个好主意。团队成员在接到通知后会立即聚在一起，在一个不被允许的地方展开行动。我们可以提前做些什么才能让团队成员做好协同工作的准备呢？即使成员需要提前将时间花在与团队任务没有直接关联的活动上，但从长远来看，这也是在节省时间，因为这一举动可以减少成员之间的冲突，从而提高最终的团队绩效。

## 启动过程

在"60-30-10"法则中，对团队最终的绩效表现影响第二重要的是团队在启动过程中的表现。团队一旦启动，就会沿着预定轨道前进，直至来到任务的中间阶段。在中间阶段，正如前一章所指出的那样，团队可能会经历破坏性的转变，这时需要重新确定方向，生成一个新的框架来指导后半部分的工作。

因为启动过程中包含了领导者和团队的第一次实际接触，所以这对领导者与团队的关系及对团队的自身发展来说都是至关重要的。启动结束后，团队才会进化为真正的团队。成员将开始关注队友的专长和技能，而不再仅仅关注自己能为团队带来什么。如此一来，团队中的全部资源更有可能被充分挖掘利用（见第7章）。团队被分配到的任务也在评估和重新定义后，与最初的要求略有不同。在此之后，团队成员将开始制定和检验指导团队行为的行为规范。

一个好的团队在启动前需要做好大量的准备工作。比如，为启动会议制定目标，并明确引导会议的方式，这些不可能在匆忙中完成。此外，他们需要在启动前有一个好的团队设计。如果还不清楚谁是团队成员，如果团队成员不具备相应技能，如果团队目标含糊不清或不太重要，那么即使是领导力大师也不能让这样的团队有一个良好的开端。

团队启动不是一次性事件，之后不可避免地会发生一些领导者可能认为已经解决的问题。例如，在启动过程中，成员通常会对领导者所明确的团队目标有所试探。他们可能会要求领导者澄清一些带有对抗意味的问题，会对被分配到的任务做出一些小修改。这就是为什么领导者需要清楚地知道自己要从团队中得到什么，并提前考虑好团队目标的哪些方面是可协商的，哪些是不可更改的。

尽管一次成功的启动能让一个团队走上正轨，但这无法保证团队在任务进程中不会出错。即使是设计合理、启动过程顺利的团队，有时也会出现因存在功能障碍而陷入加速下降的螺旋中。那么领导者应该怎么做呢？如果在团队生命周期的前半部分出现问题，暂时等待是一个不错的选择。也许在中间阶段转变，团队的绩效就会停止下滑，团队也会再次回到正轨。但是，如果中间阶段的转变没有发生，或者它实际上使事情变得更糟又该怎样做呢？

这大概就是一家全球性矿业公司的高管团队所面临的情况。尽管首席执行官已竭尽全力，但他的团队仍然抓着一个问题不放，没有明确立场，也未做出任何决定。最终，这位首席执行官意识到，他无意中让太多来自不同层次和不同组织的人加入了团队。所有的指导都很难帮助团队在任何事情上达成共识。尽管他有权重组团队，但这位首席执行官还是决定等待合适的时机再采取行动，比如一个新的财政年度。

在新年开始前不久，首席执行官宣布，他已经得出结论，目前的高管团队没有发挥作用，也不太可能会有改善。因此，他决定组建新团队，取一个新的名字，拟定新的会议日程。他将团队规模缩减至只有少数几位高管，而这些高管此前都展现出了协同工作的能力。为了减少变革的阻力，他保留了原有的团队，以便偶尔召开信息共享会议，这使那些没有被吸纳进新团队的人更容易接受这种改变。这位首席执行官所做的就是重启团队。虽然重新启动是一个相当严厉的措施，但一旦团队领导者（和成员）明白，他们不必无限期地生活在一个既不能很好地开展工作、也不能对指导干预做出任何反应的团队中，不必再经历挫折和面对各种障碍时，这也是一种解脱。回想一下第9章，当伦达的分析团队陷入困境时，重新启动也是她的选项之一。如果她决定解散并重组团队，而不是接受这个存在缺陷的团队并继续前进，会发生什么呢？

当然，重新启动并不意味着领导者可以免除从一开始就设计好团队的责任。但对那些发现自己的团队总是效率低下的领导者来说，它确实可以提供帮助。有时，打破旧的行为模式恰恰需要一个新的开始，这时，不妨思考一下，在第二次启动中可以做些什么。

### 促进过程

"60-30-10"法则中的"10"是指对团队的实际指导。正如在第9章中所看到的，指导对团队很有帮助，尤其是在团队生命周期中成员已准备好接受指导的时候。但这并不能弥补糟糕的团队设计或存在严重缺陷的团队启动过程所带来的损失。这也是为什么在"60-30-10"法则中它排在最后的原因。

这一点在鲁思·韦格曼对客服团队的研究中得到了生动体现。韦格曼对每个团队的设计、领导者的指导行为、团队自我管理水平和绩效都进行了独立评估。她预测，与领导者的指导行为相比，团队设计对团队自我管理水平和绩效的影响更大，她的预测是正确的。对团队的自我管理水平而言，团队设计的影响是领导者的指导行为的4倍；对团队绩效而言，团队设计的影响几乎是领导者的指导行为的40倍。

也许这项研究最令人感兴趣的发现是对良好的指导（如帮助团队制定适合任务的绩效策略）和不良的指导（如发现团队的问题后直接告诉成员应该做什么）的比较。图10-3显示了这两种指导对设计良好的团队和设计糟糕的团队自我管理的影响。

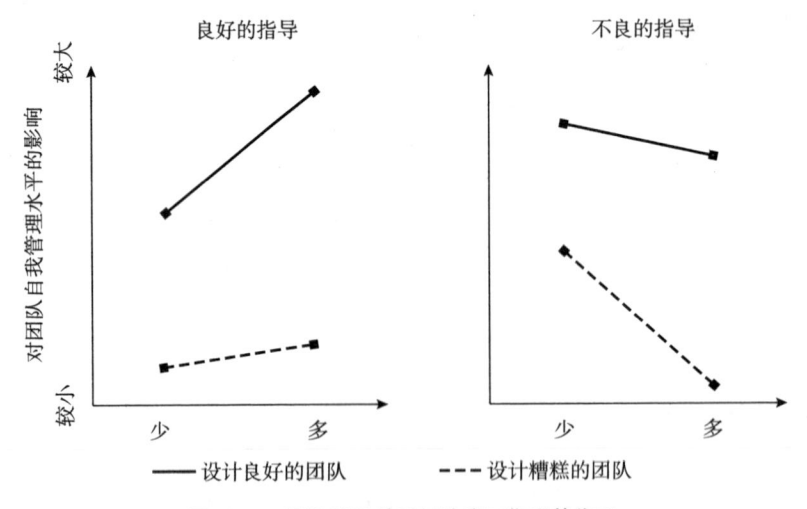

图 10-3　团队设计的质量决定了指导的作用

资料来源：基于韦格曼2001年的研究。

一方面，良好的指导（图10-3的左侧部分）极大地帮助了设计良好的团队管理好自己，但对设计糟糕的团队几乎没有影响。设计糟糕的团队可能会被内在的问题分散注意力，导致无法使指导（甚至是高度有效的指导）发挥出应有的效果。另一方面，不良的指导（图10-3的右侧部分）严重削弱了设计糟糕的团队管理自己的能力，使本已问题重重的情况进一步恶化。但不良的指导对设计良好的团队的自我管理影响不大。就好像好的团队设计可以使它们免受不良指导的影响。

上面的例子充分表明：富人会越来越富（设计良好的团队在良好的指

# 第 10 章　把握领导高效团队解决难题的关键

导中得到的帮助更多），穷人会越来越穷（设计糟糕的团队在不良的指导中受到的伤害更多）。良好的指导具有巨大的价值，它可以挖掘本就运行良好的团队的潜力，但却无法扭转错误的目标方向、糟糕的团队结构或不利的组织环境所带来的影响。

**有效领导团队的关键是，首先确保团队的运行环境良好，然后通过启动过程将团队引入一个好的轨道，最后才是亲自指导团队，帮助成员最大限度地利用好有利环境。**

## 掌握功能性的领导方法

这本书中列出的团队领导方法都是直截了当的。没有复杂的偶发事件需要特别注意，你不需要分情况采取不同方法。这里也没有一长串需要记住的行动方案。事实上，所有的领导者只需要记住两份简短的清单。

- 本章之前的 6 个章节分别介绍了提升团队有效性的 6 个条件：真正的团队、富有感召力的团队目标、合适的成员、明确的行为规范、必要的组织支持和适时的团队指导。
- 区分团队是运行良好还是运行不良的 3 个关键过程是：精力投入，即团队的努力程度；绩效策略适配性；人才利用率，即团队在多大程度上利用了成员的知识、经验和技能。

团队领导者的工作就是准备好 6 个条件，启动团队，然后跟踪 3 个关键过程，观察团队在避免过程损失和开发潜在的协同效应方面是如何做的。当有迹象表明一个或多个条件正在减弱，或者团队的 3 个关键过程正在下滑，抑或是团队失去了协同的机会，那么这时，团队领导者就应竭尽

203

所能使团队回到正轨。

　　这种思维方式被称为功能性的领导方法。从功能的角度来看，有效的团队领导者是那些自己完成或安排别人完成对实现团队目标至关重要的事情的人。要做到这一点，没有唯一正确的方法，没有最佳的领导风格，也并不需要特别的领导魅力或指挥风范。相反，团队领导者可以选择自己喜欢的方式来完成需要完成的工作。如果一种方法不起作用，他们可以开发并尝试其他方法。有许多不同的方法可以实现6个条件，让团队顺利启动，并提供以团队为中心的有效指导。

　　领导一个团队没那么难，但也没那么简单。团队领导者很难有足够的权力来准备好所有的条件，包括确定团队目标、选择成员、分配资源、提供组织支持等，这意味着领导者经常要与本组织的高层及跨职能或跨部门的人员协商，从而为团队争取到完成良好绩效所需要的各类资源。这需要毅力和说服力，通常还需要运用一些相当复杂的政治技巧。

　　很多团队领导者会凭直觉行事。他们所做的事情在当时看来有意义，但将眼光放远，就未必了。这种做事的方法很可能使领导者将更多的注意力放在纠正团队或成员的行为上，而不是创造条件使团队能够进行自我纠正。正如本书所述，研究已经确定了提升团队有效性的6个条件以及需要密切观察的3个关键过程。领导者在充分了解上述研究结论后，就不太可能采取看似合理但事实证明毫无帮助的行动了。

　　然而，仅仅了解以上内容还不够，领导者还需要熟练地创造这些条件并管理这些过程。想要了解哪些团队互动、团队结构或组织环境最有可能对团队绩效产生建设性的改变，这就需要用到诊断、评估技能。具有诊断、评估技能的领导者善于从复杂的表现中提取出重要的主题。而只有掌握了

## 第 10 章 把握领导高效团队解决难题的关键

良好的诊断、评估技能，领导者才能采取适当的干预措施，从而缩小团队在现实情况和理想情况之间的差距。

高效的团队领导者还拥有多种技能组合，他们可以利用这些技能来缩小现实与理想之间的差距。如前所述，这些技能包括说服和谈判技巧等。同样有价值的是，在实施变革的过程中，这些技能不仅能帮助领导者获得成员的信任、降低团队内部的对抗性，还能帮助团队发展良好的自我管理能力。

情报部门的一些团队领导者似乎总是在正确的时间做正确的事情，原因是什么，甚至连他们自己都不明白。然而，许多研究者发现，有一个已被研究证实有效的清单是很有帮助的，我们可以参考它来指导团队。有了经验和实践，一流的领导能力也就自然形成了。但是，对于大多数人来说，想要成为一个依靠直觉就能做出可靠的干预措施的卓越领导者，还需要在职业生涯中不断经历、实践和学习。

## 协作互助，发挥同侪教练的力量

尽管让一个人负责协调好团队成员的贡献，确保不忽视任何重要的事情是明智的做法，但领导团队通常不是一个人的活动。团队领导者是一个人，而团队领导者可以是一个人，也可以是很多人。最好的团队领导者会积极鼓励团队成员做出领导力方面的贡献。事实证明，共享领导（shared leadership）[①] 是一种非常特别的领导方式，它可以实现团队效率所需的所有领导职能。

---

① 由领导者和下属成员组成的管理团队来共同承担领导责任，使下属成员更愿意承担责任并更具主动性的一种领导方式。——编者注

共享领导不等同于共同领导，共同领导是两个或几个人平等地分担一个领导角色。除了少数特殊情况外，领导者之间经常会展开一场地位之争，等到其中一人逐渐占据上风，另外的领导者很快就会失去权力。

例外的情况是，在一些组织中，共同领导是一种长期的体制特点，共同领导的具体责任有明确的规定，如在一些由军官和文职人员共同领导的军事组织中所体现的那样。共同领导成功的标志性案例是洛斯阿拉莫斯（Los Alamos）的曼哈顿计划[1]，J·罗伯特·奥本海默（J. Robert Oppenheimer）和莱斯利·格罗夫斯（Leslie Groves）将军分别为该计划提供了科学支持和政治保护。

共享领导的力量也体现在了我们前面描述的分析型团队的研究中。在本书所讨论的几乎所有6个条件下，真正的团队得分明显高于合作团队，而且它们的绩效也明显更好。

但出乎意料的是，与我们评估的其他因素相比，有一个因素与团队效率的联系更紧密：同侪教练，即团队成员相互教导、帮助和学习。同侪教练更多地出现在真正的团队中，成员为了集体成果而相互依赖；而在合作团队中，成员主要靠自己工作。这其中明显的因果关系如图10-4所示。与合作团队的成员相比，在设计良好、相互依存的团队中的成员有更强的相互教导、帮助和学习的冲动。而在我们研究的情报机构中，同侪教练对团队的有效性提升有直接帮助。

---

[1] 美国在第二次世界大战时期研制原子弹计划的代号。1942年8月，美国政府决定将研制原子弹工作统一管理，在纽约曼哈顿地区建立"曼哈顿工程管理区"，将研制核武器项目命名为"曼哈顿计划"。——编者注

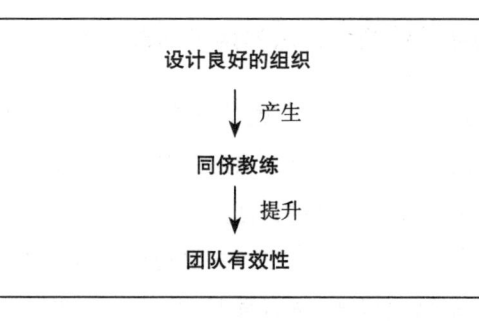

```
设计良好的组织
     │ 产生
     ▼
  同侪教练
     │ 提升
     ▼
  团队有效性
```

**图 10-4　设计、指导和有效性的因果关系**

同侪教练的好处再怎么说也不为过。一方面，相比于某位领导者所提供的指导，同侪教练对团队的帮助更大，无论这个领导者有多出色。如分析型团队的成员所说的，他们的领导者提供的指导确实有帮助，我们也发现它与团队效率呈正相关。然而，大多数团队领导者都把主要精力投入在其他事情上。成员可能已经意识到，他们确实需要一些指导，但由于领导者常常忙于其他事情，所以他们只能在成员间相互寻求指导。

另一方面，同侪教练不仅有助于完成团队任务，还可以帮助团队在提升团队有效性的其他两个维度——团队协作和个体学习上有所提高，这在本书中已经讨论过了。同侪教练的最大好处可能是，它可以促进团队发展的连续性。例如，拥有自我管理能力的团队，能够在一个能力不强的领导者的任期内，或是在领导者不断更换的情况下，确保团队成员的工作能够持续向前推进。拥有自我管理能力的团队可以形成一种动力，即使团队处于混乱的组织中，这种动力也能使团队保持在积极向上的轨道上。

### 掌握功能性的领导方法的两份清单

- 准备好提升团队有效性的 6 个条件,即真正的团队、富有感召力的团队目标、合适的成员、明确的行为规范、必要的组织支持和适时的团队指导。
- 启动团队,然后跟踪 3 个关键过程,即精力投入,也就是团队的努力程度;绩效策略适配性;人才利用率。重点观察团队在避免过程损失和开发潜在过程收益方面是如何做的。

# COLLABORATIVE INTELLIGENCE

第 11 章

为高效团队解决难题扫清障碍

## 第 11 章　为高效团队解决难题扫清障碍

当拥有良好的组织结构、足够的支持和正确的领导者时，团队可以做得很好：不仅能顺利完成任务，随着时间的推移，团队的能力还会不断提高，成员在学习中也会不断成长。然而，这些好处不会自动出现。

正如在本书中所看到的，如果仅仅依靠鼓励成员合作和举办增进信任的团建活动，是不足以获得这些好处的。如果团队想要充分利用个人资源，进而实现团队目际，首先必须经过深思熟虑的设计，在此基础上，领导者还要给予团队充分支持。

坏消息是，情报团队所处的制度环境，经常会给那些想做好这两点的领导者设置重重障碍，让不少领导者望而却步，产生情报团队带来的麻烦远胜于它们带来的价值之感。

好消息是，摆在团队面前的每个障碍，也都蕴藏着一个建设性变革的机会。本章我们为大家分享了一系列观点，这些观点是我在情报界调查研究过程中陆续听到的，每一个观点都同时指向一个障碍和一个机会。

## 事先预防，最好的防守就是进攻

当不幸发生时，人们总是本能地想尽其所能阻止类似情况再次发生，这是一种强烈的冲动。假设有人试图利用一个系统安全漏洞劫持一架飞机，所幸的是，安全人员及时发现了这一漏洞并成功阻止了这次劫持事件。从那之后，我们感到更安全了，因为在登机前，鞋子都要被检查，瓶装水甚至被禁止带上飞机，就在我写这本书的时候，听说新的规定可能会禁止乘客把毛毯盖在膝盖上。在面对可能的隐患时，人们倾向于进行无休止的修补。例如，每当有马匹消失时，它们曾经居住的马厩就会一个接一个地关上门。同样的事情也发生在运营工作、信息安全工作，以及其他任何我们想要消除隐患的工作中。一旦所发生的事情为公众所知，并且引起了政治上的关注，就像许多安全失误和情报失误一样，人们纠正错误的冲动就会特别强烈。

航空界在这方面的经验既有启发意义，又令人担忧。想想飞机事故发生后会发生什么。美国国家运输安全委员会总是会确认一个或多个原因，并提出改进建议，以防止此类事件再次发生。这些改进，通常包括引入技术保障措施（如警告信号或开关上的保护措施），在入职培训或过程培训中加入新内容，抑或是要求机组成员遵守一些附加程序。这些措施中的每一项本身都是不错的想法，但从来没有人研究过它们组合在一起对机组成员和他们的工作会产生怎样的影响。

至少有一种可能性是，所有对程序手册中的善意补充，所有引入驾驶舱的自动化设备，以及所有旨在提高效率和安全的管理指令，都极大地限制了机组人员为实现这些愿望所需的行动自由。这种现象与公共政策学者所称的"反效果定律"（perverse effects）有很多共同点。当一个人过于追求完美时，就会产生反效果。例如，扶贫项目中的一些政策和做法，无意中把穷人"封印"在贫困状态中，而不是让他们依靠自己的努力摆脱贫困。

因此，想破除这一难题，人们需要从根本上转变思维方式，从事后补救转变为事前预防。回忆一下本书第 1 章所讲的内容，对一个有创造力、适应性强的对手进行防守是徒劳的。的确，任何有能力的官员都可以发布指令，以降低某些不良事件再次发生的概率。但是，无论一个人多么聪明、多么有经验，都不可能想象出一群对手可能会做什么。

看来，要防患于未然，预防接下来发生的事情，需要一个团队。不是任何一个团队都可以，我们需要的是一个可以反映出对手真实情况的团队，这个团队的成员要与对手具有相同的培训经历、技术技能、人际网络、教育背景和工作经验。这时，我们就可以设身处地换位思考：依靠我们的知识、人际关系和技能，我们怎样做才能对目标造成最大程度的破坏？这样一个团队所提出的建议至少可以让我们提前预防一些未知但可能会发生的事情。这种策略，不是在进行最后的战斗，也不是在竭力避免灾害再次发生时可能造成的巨大损失。俗话说得好，最好的防守就是进攻，模拟进攻团队的演习实际上就是对这句话的诠释。

## 重建信任，善于利用专家所长

曾经，专家在情报界有着举足轻重的地位；如今，专家的光环正在变得黯然失色。问题不仅仅是在不幸的意外发生后，他们被抱怨"怎么没有预测到这样的事情"，还在于他们本身的价值正在受到质疑。研究表明，即使是训练有素的情报人员，在评估证据、预测可能性和确定所观察事件的可能原因时，也容易发生系统性偏差。

组建团队有时并不能解决问题。正如在本书中所看到的，团队和个人一样，也存在对专家利用不足或误用的情况，如此会造成更严重的问题。回想一下第7章描述的实验：一支由高度专业的成员组成的团队，在没有接受如何利用好专家建议的情况下，在情报任务中的表现实际上比一般团队更差。这说明，我们不能简单地把问题抛给专家团队，然后放心地让他们评估情况并采取最恰当的行动。

在分析界，人们越来越依赖于各种结构化方法，他们将这些方法用在团队识别、衡量成员贡献等方面，希望借此来帮助团队避免团队过程问题。与此同时，众包、市场预测和集体评估等方法也越来越受欢迎。就在我写这篇文章的时候，美国情报高级研究计划局（ARRA）正建议我对这一方面进行更多研究。具体来说，就是对综合应急评估（aggregative contingent estimation）[①]的研究，以及在线预测方法的开发。这些方法将比单个专家的判断和专家群体的审议更准确，而且不需要用户具有高水平的统计专业知识。

正因如此，人们愈发认为做某一专业领域的专家不是好选择。人们已经远离了对专家的依赖，这使许多受过高水平训练的情报人员都在担忧，他们的未来在哪里。然而，有一些迹象表明，专家不受重视的现象已经开始逆转了。

例如，美国战略与国际问题研究中心（CSIS）的一份报告发现，人们对业余用户提供的内容越来越失望，并开始重新寻求专家意见，正如我们所看到的，越来越多的用户放弃使用那些开放的、可以轻易获取到内容的网站，转而选择那些由专家创建或编辑的网站。

---

① 即利用数学技术对大量个体意见进行加权和整合。

## 第 11 章　为高效团队解决难题扫清障碍

虽然经验法则——偏差的影响力已经引发了人们对专家判断的担忧，但是心理学家格尔德·吉仁泽（Gerd Gigerenzer）和哈里·布赖顿（Harry Brighton）在一篇名为《人类的启发：为何有偏见的头脑能做出更好的推断》（Homo Heuristicus: Why Biased Minds Make Better Inferences）的文章中指出，这种偏差也有积极的一面。也许我们真的需要聪明睿智、知识渊博、经验丰富的专家，让他们利用所长帮助我们得出分析型结论，最终确定实际行动的最佳方式，或者为科学、技术和教育活动选择最有效的途径。在这之前，我们需要做的是使团队拥有良好的组织结构，并提供相关支持，让专家能够在团队中富有成效地协作，而这正是这本书的主要内容。

关于专家在情报工作中扮演的角色的讨论，有时会演变成两派之间的辩论，一方赞成专家结构化、审慎的工作方法，另一方则极力推崇经验丰富的专业人士的直觉。这是一种错误的二分法。情报工作既是一门艺术，又是一门科学，它几乎总是需要相关从业人员同时运用直觉和结构化方法。然而，这两种方法的适当权衡取决于执行工作的人是新手、专家，还是我称之为大师的人。

首先来看新手。他们总是需要别人教他们做什么和怎么做。作为学习者，他们还没有积累到足够的经验来纠正那些引导他们直觉的常人理论（lay theories），而且他们特别容易受到启发和偏差的影响，从而误入歧途。将新手纳入团队，他们有可能成为本书所讲的团队过程问题的受害者。比如，新手会高估地位崇高的成员的贡献，或是那些话语权更大（或最有说服力）的成员的贡献，抑或是那些与自己情况最相似的成员的贡献。新手需要花一些时间向更高层次的专家学习，从而逐步提升自己的能力和信心。

再来看专家。他们就是那些知道该做什么的人，他们了解能够发挥自己才能的方法和工具，知道如何避免可能误导自己判断的偏见。除此之外，他们可以准确地告诉你他们在做什么和为什么这么做，他们具有稳定执行自己工作的能力。在帮助学徒学习行业知识方面，他们所做出的贡献是无价的。当专家做出直觉上的判断时（他们偶尔会这么做），他们随后会检查所有能收集的数据，以确保没有自欺欺人。最好的专家团队是那些团队成员在一起工作过一段时间的团队，他们知道过程损失和协同效应会影响团队绩效，并且共同开发也是使过程损失最小化和使协同效应最大化的策略。

最后来看大师。这些人总能给出不错的想法，却常常忽略了人们普遍接受的原则和程序。通常，大师们简单地看过某一情况的几个特征后，就能对正在发生的事情或需要做的事情做出非常准确的评估。在许多情况下，这比仔细审议或科学分析得出的结果更好。但当被要求解释他们是如何做到的时候，他们通常会不知所措地说："我也不知道，只是当时看起来感觉应该是这样的。"世上大师少有，当我们身边出现一位大师时，我们应该对大师的直觉保持警惕。在了解了情况后，我们要像新手一样向他们表示怀疑："在我看来这好像……"尽管大师也经常使用"好像"这个词，但我们使用这个词通常是在提醒人们，有时我们很难在数据和结论之间建立可靠的联系。

是否存在这样一类大师团队，成员一起融洽地工作，根本不需要关心计划或过程？尽管大师很少合作，但这样的情况确实时有发生。例如，一些室内乐团偶尔会跳出作曲家谱写的乐谱，贡献出令人惊叹的诠释和演奏。如果我们能知道更多信息来帮助情报团队逐步接近这种大师级的水平，那真是一件很棒的事情。

## 开足马力，利用外部竞争激发动力

事实证明，我们不仅在个人竞争时会开足马力，我们还喜欢看别人竞争。谁会成为国民偶像，谁会是下一位顶级模特，谁会是横扫牌桌的扑克玩家，谁会是击败挑战者的铁厨（iron chef）[①]？我一直都知道激烈的体育比赛会带来强烈的观感，但直到最近我才意识到，做饭也可以是一项竞技运动。竞争确实能激发动力。

但动力是什么呢？答案很明显：获胜，打败其他玩家，获得只有一人才能获得的心理刺激和有形奖励。但如果目标是学习而不是取胜呢？那么竞争可能就不是一个好主意了。首先，竞争者肯定不会与对手分享他们的知识和技能。其次，他们会对自己的竞争策略保密。当机会出现时，他们会虚张声势，然后出其不意。再次，随着时间的推移，如果团队成员的工作总是涉及无休止的一系列小竞争，那么他们的个人偏好就会发生改变，他们对新的竞争机会的兴趣也许会增加，或者他们在宽松的环境中也想要竞争。事实上，对于有经验的竞争对手来说，工作、生活都可以用输赢来定义，这种情况在组织中也很常见。

那么被激发出来的动力用来打败谁呢？答案依然很明显：对手。只有对手输了，我才能赢。但如果对手和我在同一个团队，事情就会变得很棘手。例如，职业篮球队中球员之间的关系。团队应该打败对手，但有时，最激烈的竞争不在外部，而是发生于团队内部争夺主导地位时。再考虑一下企业中的办公室政治。一家企业理应超越竞争对手，但有时，企业中最突出的竞争不是来自商场，而是来自员工之间，他们会为了职位和晋升而彼此竞争。这就是领导者基于个体的贡献来奖励和认可团队中的某个成

---

[①] 是美国一个很受欢迎的烹饪挑战节目，也被译为"料理铁厨"，节目中的几位首席厨师也被称为"铁厨"。——编者注

员是一个坏主意的原因（见第 8 章）。如果一个领导者想要促进成员之间的分享和学习，重要的是将激励的焦点放在团队任务上，放在真正的竞争上，而不是内部的等级制度上。

为了说明这一点，我们来看一个名为"团队 – 游戏 – 锦标赛"（teams-games-tournament, TGT）的激励项目，该项目由心理学家大卫·德弗里斯（David DeVries）和罗伯特·斯莱文（Robert Slavin）开发，用于小学课堂教学。对于小学生来说，根据性别、种族和学科成绩非正式地将同学分类是很常见的，因为不同的群体之间没有太多联系。一个组的孩子经常对另一个组的孩子有刻板印象，这是因为他们很少或根本没有跨组学习。那么你将如何扭转这种状况，让孩子们互相分享和学习？

德弗里斯和斯莱文把学生分成临时小组，在这些小组中，学生的种族、性别和学科成绩（如拼写）都是打乱的。然后，这些小组需要为即将到来的比赛做准备。每个小组的拼写能力最好的学生将聚在一起进行比赛，拼写能力次之的学生也将聚在一起进行同样的比赛，以此类推。竞争发挥了它的激励作用，因为竞争目标是正确的——在拼写比赛中击败其他小组。因此，在每个小组中，学生们互相勉励、努力学习，拼写能力较好的学生积极指导拼写能力较差的同学，老师也给予大家鼓励和支持。学生们学到了更多，以前接触较少的学生之间也建立了友谊，群体间的刻板印象也显著减弱。

从 TGT 中，我们看到了一种乐观的可能性，即从竞争中获益的同时，促进团队成员之间的分享和学习。TGT 的经验对于那些遇到困难的成年人团队同样适用，但有两个条件必须满足。第一，竞争必须发生在团队和外部对手之间，而不是团队成员之间；第二，这个组织必须得到良好的设计和充分的支持。这些条件对上述案例中的团队来说是存在的，情报团队当然也可以创造这两个条件来使团队成员获益。

这本书所要传达的重要信息之一是，一个人可以同时拥有动力和知识。当 6 个条件都具备时，成员的动力就集中在实现团队的整体目标上，这不仅要求成员努力工作，还要求他们彼此分享和相互学习。

## 集中力量，避免落入群体竞争

如果某件事真的很重要，我们就不会把"所有的鸡蛋放在同一个篮子里"。这是具有高可靠性特点的专业系统在设计时需要秉承的首要原则之一，它同样适用于社会系统，包括团队。比如，两个独立的团队同时检查数据，然后一起探讨各自的结果并相互学习，如此一来，数据的准确性就有了保证。这可以防止单个团队在工作时忽略关键信息，或者使用有缺陷的逻辑，抑或是忽视与成员的假设不一致的数据。

让团队进行独立评估，然后将各自的结果放在一起讨论，从差异中学习，效果确实很好。但这种做法也存在危险。那就是，当若干团队被置于直接的竞争环境中，他们将为向决策者提供策略而展开激烈竞争。在团队竞争的层面上，我们可以看到，当团队成员为只能由一方拥有的某物展开竞争时，团队成员就拥有了同样的动力。竞争确实能带来极大的激励作用，但它也会让人们采取保密的策略，这就让成员将关注点放在获胜而不是学习上。这种竞争策略在团队间的体现比在个体间更强，因为团队竞争使团队的界限变得更加分明且不易渗透。要求个体顺从的压力也增加了，成员变得更愿意把他们的个人判断放在一边，以支持团队定义的现实。

于是，竞争团队就会经常出现这样的声音："他们不需要知道。""让他们继续沿着这个策略走吧,很快他们就会发现这是一个死胡同。""我们可以从助理那儿得到这个,其他人不知道。""我们必须一起完成这个任务,不可以私自行动。"有时,竞争行为还会使成员从不愿意合作和分享升级为积极破坏竞争对手战略的恶性状态。作为一个在"冷战"时期长大的人,我一直担心核武器扩散。基于以上原因,我偶尔也会对政府中具有竞争性的反恐中心的扩散感到担忧。

令人沮丧的是,团队竞争很容易出现。因为它只需要满足两个条件:(1)团队是容易区分的,这样,每个人都能知道谁是哪个团队的成员;(2)团队参与了零和游戏(一方所赢正是另一方所输),且团队间存在一种很不平衡的权力关系。一旦触动了某些因素(如一个敌意行为),冲突就会升级并持续不断。

怎样做才能避免成为因团队竞争而导致的社会功能障碍的受害者呢?我们知道,仅仅依靠领导者敦促各团队进行合作是无济于事的。这是因为,竞争无处不在,即使处于同一阵营的团队之间也存在竞争,而且这种竞争的力量甚至能压垮他们的合作的说辞。然而,在促进相互竞争的群体之间培养相互依赖的关系,确实为减少竞争提供了一种有趣的可能性。

我们在第10章中看到,团队成员之间的相互依赖产生了同侪教练,这反过来又提升了团队绩效的有效性。同样的事情会发生在组织层面吗?也就是说,如果整个团队为完成组织的整体任务而相互依赖,那么共享信息和相互指导可能会取代竞争,成为团队间关系的主导特征吗?考虑到情报界的历史和政治因素,图11-1所示的这种可能性可能比现实更理想化。尽管如此,它仍然值得我们思考,因为它至少提供了一种可能性,让我们的团队将竞争的力量集中在我们真正的对手身上,而不是分心思考如何同时击败与我们处在同一阵营的其他团队。

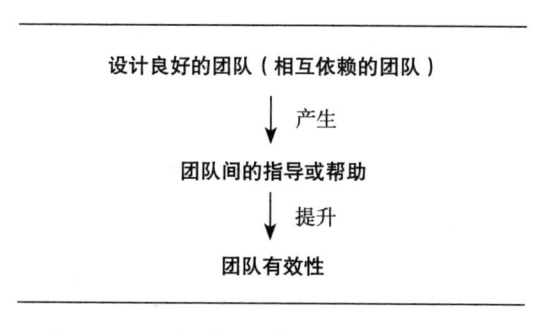

第 11 章　为高效团队解决难题扫清障碍

设计良好的团队（相互依赖的团队）
↓ 产生
团队间的指导或帮助
↓ 提升
团队有效性

图 11-1　团队间的相互依赖可以使团队更有效

## 自主行动，在别人的伞下很难跳好舞

当孩子们在一起玩得不好时，我们本能地想要干预。这也是政府在事情进展不顺时通常会做的。现实中，重要的工作时常会被不同机构推来推去，势力范围的存在使很多事情几乎无法完成。不同的组织只做自己的事情，彼此之间没有任何协作。正因如此，我们指派了一位领导者创建一个伞状组织来管理这一切，提供我们需要但没有的协作和效率。

从美国国土安全部和国家情报局的经验可以看出，伞状组织并不会为已有的问题提供自动解决方案。事实上，伞状组织有时甚至还会加剧本应协作的组织之间的竞争。他们增设了一层官僚机构，这可能会减缓本该加速的任务进度，会进一步削弱一线人员的自主权，使一线人员无法完成整个任务中属于自己的那部分。

相比之下，1986 年的《戈德华特 – 尼科尔斯国防部重构法案》（*Goldwater–Nichols Act*，下称《重构法案》）统一并明确了参谋长联席会议主席领导下的军队指挥系统，这一举措使之前损害了军队效率（如采购方面）及其协作能力的部门之间的对抗减少了。虽然分析人士对《重构法

221

案》的影响有着不同的评价，但该法案对确定伞状组织的适用条件以及实现其预定目标的必备条件等有一些帮助。

传统观点认为，当事情进展不顺或者必须实时管理正在发生的危机时，应该进行集中控制。控制者需要掌握所有信息，并发出行动指令，这样做可以提高效率和增进协作。事实上，集中控制可能与实际所需的恰恰相反。回顾第5章，最好的团队目标是明确且坚决的，如何实现这一目标，要让团队自行决定。

当需要对不断发展的局势做出迅速反应时，应该将权责下放而不是集中起来。军队的作战指挥官了解这一点，军事法律执法者和秘密情报行动人员也了解这一点。现在，是时候把同样的经验应用到其他情报机构中了：明确总体方向，向组织内的每个机构提供资源并给予自由裁量权，让它们在广阔的空间内做任何可以完成目标的事情。的确，在别人撑着的伞下很难跳好舞。

## 打破束缚，发挥信息本身的价值

不必在情报界待太久，你就能听到这样的话："你不会因为过度保密而陷入麻烦，但会因为不够保密而陷入麻烦。你不会因为分享太少而陷入麻烦，但会因为分享太多而陷入麻烦。"其中，"如果它不是秘密，那么它可能也不太重要"也许是最令人烦恼的一句话了。这就是情报工作的终极悖论，负责收集、分析和使用信息的团队往往无法获得自己工作所需的信息（见第8章）。

情报界长期存在的政策、做法和规范不仅妨碍了情报工作本身，也阻碍了情报人员相互分享成功的经验和失败的教训。这种情况下，情报界就出现了一些特殊机构，它们将从实际经验中吸取教训作为明确目标。例如，情报研究中心（CSI）的历史学家和人类学家准备了许多内容丰富的报告，这些报告指出了在各种各样的情报活动中什么是正确的，什么是错误的。CSI 的一位专业人士称，许多经验和教训都与各种情报团队的行动直接相关。

将这些从研究中学到的经验和教训运用到其他团队工作中，这是一个很大的挑战。研究结果通常会被提供给那些参与研究活动的人，进一步的扩散主要通过非正式网络。所以，那些已经知道了研究结果的人会比以前知道的多一点，而不知道的人则依旧什么都学不到。在撰写这篇文章时，CSI 正在尝试将相同主题的多个研究结果整合起来，其中第一个主题就是促进或阻碍情报成员之间协作的因素。我认为，这种尝试有相当大的前景，因为它可以使经验和教训得到更广泛的传播，这一尝试，或许还可以被纳入情报机构的培训项目之中。

现在，是时候对保密等级和信息隔离进行一些新的思考了。首先，废除"开放源代码"这个术语怎么样？或者直接废除那些只能查看公开可用资源的组织部门？虽然情报界普遍存在的保密文化短期内不会改变，但是政策和做法是可以改变的，毕竟，重要的是信息本身的价值，而不是信息来源是公开的还是保密的。

其次，是否可以充分利用现有的技术来跨组织共享信息。目前已经存在一种可靠的信息共享技术，可以在不泄露必须受保护的信息获取方法和来源的情况下共享信息。此外，情报界也已开始利用情报百科、A 空间、社交网络等技术手段，从根本上扩大信息和专业知识的共享。

再次，是否可以鼓励情报成员提出新想法，以促进跨部门和跨组织的信息共享，然后对想法提出者给予公开认可。美国中央情报局的"伽利略计划"（Galileo）为改善情报界的工作方式提出了许多具有启发性的想法。例如，是否可以设立一个类似的项目，来专门寻求促进情报人员获取和分享与任务相关的信息的方法。

最后，是否存在一种方法，可以打破条条框框束缚，将现在属于常规保密的大部分信息降级的同时，显著提高那些较少的、需要绝对保密的信息的保护水平。这听起来像是异端邪说，但它却是出自经验丰富的情报官员之口，他在职业生涯中花了太多时间试图获取在团队工作中迫切需要的信息，可是往往收效甚微。

几年前，当我在研究航班机组人员时，我就听到过一家航空公司的高管们正在讨论这个问题。"我们不可能告诉我们的员工如此敏感的事情，"一位高管宣称，"这里每个人的邻居都可能有一个亲戚在竞争对手的航空公司里工作。一旦我们的员工得知此事，一天之内，这些信息就会被送到竞争对手的办公室。"另一位经理想了一会儿说："也许会发生这样的情况，但与竞争对手都知道了但我们自己的员工还不知道的情况相比，哪种更糟？"确实，哪种情况更糟糕呢？

## 持续发展，避免人员流动的负面影响

与其他组织的领导者一样，当情报组织的领导者发现等待反馈的某个项目被另一个项目取代时，他很难抑制愤怒的情绪。如果领导者只是一直在等待，你就不必去处理他要求你做的事情了。他很快就要离职了，带着他的项目和偏好离开，或者把它们留在那里，被归档，然后被遗忘。

## 第 11 章　为高效团队解决难题扫清障碍

情报界的资深人士迈克·米尔斯（Mike Mears）说，有一家情报机构在 6 个月的时间里更换了一半的部门领导。这种人员流动速度极不正常，但在可预见的未来，情报领域的领导者频繁变动的情况不太可能改变。当组织发生重大改变时，之前的领导者会面临多种可能：离职或者升职，也可能在工作届满后轮岗到另一个部门，或是跳槽到另一家机构，希望在未来获得晋升，抑或是事情进展不顺利，他成了替罪羊，最终被排挤出组织。

在这种频繁变动的情况下，如何促进团队和组织的可持续发展？这是一个非常重要的问题，因为许多任务无法在人事变动频繁的情况下完成；相反，它们需要在相当长的时间里持续努力。有时，一个科学或技术发展计划可以持续数年，一名情报人员的培养可能需要很长时间才能让他积累到足够多的知识，能高水平地完成相关工作。此外，为情报人员设计、开发和实施一流的培训计划也需要很长时间。

在处理人员任期较短但任务持续时间较长这一矛盾时，可以创建一个能够经受住人事变动的多年计划。虽然这样的计划经常被使用，但我还没有听到任何人说这样的计划多么有用。或许更好的策略是，将人力资源管理的重点放在团队的发展上，而不是放在个人的角色和职业生涯上，因为团队的生命周期往往比任何一个个体在这里的职业生涯都要长。下面描述的两种特殊类型的团队值得考虑：一种是由领导者构成的团队，另一种是由一线专业人员构成的团队（即沙丘团队）。

正如本书前文提到的，当说起领导者时，我们通常会想到一个为团队工作设定方向并协调成员工作的人。在这种"英雄化"的领导模式中，如果组织工作做得好，领导者就会得到赞扬；如果做得不好，领导者就要承担责任。近年来，由于组织工作的节奏和复杂程度不断升级，越来越多的团队正从英雄领导型转向集体领导型，团队成员共同为团队的方向和成果担责。

集体领导型团队以组织中的首席执行官为首，由组织内子部门的领导者组成。由于这一团队拥有丰富的知识和经验，所以依靠它可以很好地解决组织内存在的重大问题。对于团队中的个人而言，集体领导型团队为所有成员提供了机会，让他们在一起工作时能够相互学习。在集体领导型团队中，即使有一名或多名成员离开，该团队也能在领导层面保持连续性。尽管在快速变化的情报组织中，集体领导型团队看似具有相当大的价值，但他们在情报界的出现频率并不高。

现在让我们把注意力从集体领导型团队转向那些在一线情报组织中开展工作的团队。在第 2 章，我们曾提到的沙丘团队，就是一种在个人不断变换岗位时依然可以提供连续性服务的团队。沙丘团队里的人员是流动的而非固定的，随着任务的变化，成员会以不同的配置聚集在一起，就像随风变化的沙丘一样。这种团队模式通常在中等规模的组织部门（可能有 20 多个成员）中得到应用，它们的总体任务和行为规范是在部门层面上建立的。像集体领导型团队一样，即使个体成员流动频繁，沙丘团队依然可以持续前进。它们可以在快速变化的环境中有效管理有限的资源。此外，它们还提供了一定程度的灵活性和适应性，而在传统的专人专职的工作中，这是不可能做到的。

在这两种类型的团队中，沙丘团队需要像传统团队一样，关注自己的目标、结构和资源。从本书所讨论的内容可以清楚地看到，团队合作并不会自发出现，没有一个团队可以匆忙组建起来，然后出色地完成工作。事实上，相比于成员相对稳定的单一目标团队，集体领导型团队和沙丘团队具有特殊性和流动性，所以为这两种团队提供 6 个条件相对来说更为迫切。

## 相时而动，低效团队比没有团队更糟糕

团队是完成情报工作的一种常见方式，也许比以往任何时候都要流行。这不仅仅是因为，与个体相比，它们能给工作带来更多的资源和更多样化的视角；还因为，很多任务对于个人来说都太艰巨了，无法独立完成。事实上，如果某项任务可以完全由个人独立完成，那说明这项任务可能不是很重要。团队的好处还在于它提供了一种方法，这种方法可以处理或者至少是规避本章提到的问题，包括跨学科、跨职能和跨组织的信息共享不足；因团队领导和成员的流动产生的不稳定性和不确定性；团队过度依赖竞争来维持动力。

正因如此，情报组织领导者有时会过于迅速地转向团队形式，盲目地创建团队来完成实际上个人就可以出色完成的工作。想一想设计问题和解决问题之间的区别。设计问题是一种创造性的行为，更适合一个有能力的个体而非一个有能力的团队（见第 2 章）。相比那些仔细考虑创建团队是不是执行特定工作的最佳方式的领导者，那些忽视了设计和执行之间区别的领导者更频繁地使用团队，但多数时候使用不当。同样的问题也出现在众包和市场预测等方法的使用上。这些方法确实可以实现有效评估，但它们的效果很大程度上取决于要解决的问题被建构得好不好，而建构问题最好是由个人来做，而不是由团队来做。

明智的管理者也会仔细考虑他们计划创建的团队类型。需要完成特定任务时，创建的团队应该是一个面对面的互动团队，还是一个不同步操作的分布式团队，或者是其他团队类型？正如本书所述，一个团队的有效性是由它的设计、组织给予的支持以及所接受的指导的质量等众多因素决定的。除非一个团队具备了良好的组织构成并且获得了充分的支持，否则还

227

不如寻找其他方法来完成任务，因为没有良好构成和相关支持的团队不大可能完成任务。**对于团队成员以及团队所服务的客户而言，一个低效的团队比没有团队更糟糕。**

情报部门的一项重要职责是防止我们成为那些想伤害我们的人的活靶子。我们可以从野鸭身上学到如何避免伤害。夜晚，野鸭会面临一个问题。它们因为在野外栖息，所以必须警惕来自捕食者的攻击。但同时，它们也需要一定的休息。它们利用自己两个大脑半球独立运作的独特能力来实现这些相互冲突的目标。在睡着的野鸭中，位于外围的野鸭的一个脑半球处于睡眠状态，但另一个脑半球完全处于警觉状态。如果有危险信号出现，外围的野鸭会发出警报，整个鸭群就会飞向天空。当鸭群再次回到地面时，外围位置会换上不同的野鸭，让之前的野鸭进入完全睡眠的状态。

尽管人类大脑的两个半球不具备独立运作的能力，但我们有更好的东西——进化得非常出色的前额叶皮层，这可以让我们决定哪些成员可以休息、哪些成员需要站岗。当然，这种能力应使我们能够通过共同努力实现集体愿望，至少也应像鸭群一样合作完成目标。如何才能做到这一点，让负责收集、分析和利用情报数据的团队可以保持充分警惕，随时准备采取行动确保我们的安全？这正是本书想要寻求的答案。

## 如何为团队扫清障碍？

- 从根本上转变思维方式，从事后补救转变为事前预防。在灾害发生前防患于未然，预防接下来发生的事情。
- 使团队拥有良好的组织结构，并提供相关支持，让专家在团队中富有成效地协作。
- 将激励的焦点放在集体任务上，放在真正的竞争上，而非内部的等级制度上。
- 用共享信息和相互指导取代竞争，让团队将竞争的力量集中在真正的对手身上。
- 当面对不断发展的局势，需要迅速做出反应时，应该让团队在广阔的空间内做任何可以完成目标的事情。
- 认识到重要的是信息本身的价值，而非信息来源是公开的还是秘密的。
- 创建集体领导型团队和由一线专业人员组成的沙丘团队来应对人员流动问题。

## 致谢
COLLABORATIVE INTELLIGENCE

在诸多为本书提供了巨大帮助的人中，首先要感谢的是弗雷德·安布罗斯，他是情报界的一位资深人士，几年前，我们和他进行了一次艰难的对话，谨以此书献给弗雷德。他为本书的诸多研究提供了智力上和财务上的支持。尽管弗雷德只是一名令人敬重的工程师，但他是我见过的最能干、知识最广博的人之一。与弗雷德交谈时，趣事层出不穷——他曾经开创了一种新的烹饪方法，他能从某场鲜为人知的战争中窥见当今国际关系的一些方面，他还能凭一项技术创新解决一个困扰已久的问题。弗雷德所有智力上的探索，都源自其初心——无论何时，尽可能挖掘自身的天赋来报效国家。于我而言，与弗雷德共事不仅受益匪浅，而且备受鼓舞。

除了弗雷德，情报界的其他人士也慷慨地奉献了大量的时间和精力，其中有詹姆斯·布鲁斯（James Bruce）、丹尼斯·克利夫特（Denis Clift）、约瑟夫·海斯（Joseph Hayes）、罗伯特·赫德（Robert Herd）、罗布·约翰斯顿（Rob Johnston）、马克·洛温塔尔（Mark Lowenthal）、迈克尔·米尔斯、理查德·里斯（Richard Rees）、史蒂文·里伯（Steven Rieber）、吉姆·西蒙（Jim Simon）、迈克尔·苏利克（Michael Sulik）等，在此我深表感谢。他们的意见和建议加深了我对秘密行动小组的了解，这些珍贵的帮助是我以往通过技术分析、实践等方式所无法得到的。在此我要特别感谢美国中央情报局的首席科学家约翰·菲利普斯（John Phillips），以及情报科学委员会（ISB）主席托尼·奥廷格（Tony Oettinger）。他们二人与我们的交流互动，让我们思潮汹涌，不断突破思维桎梏，我们也由此产生了许多新的创意，这极大地加深了我对情报组织中团队合作的理解。

MITRE公司的专业人士在这个项目的数据收集和整理成文上提供了宝贵的帮助。他们是贝丝·埃亨（Beth Ahern）、克雷格·库克（Craig Cook）、安·刘易斯（Ann Lewis）、迈克尔·奥康纳、比阿特丽斯·奥希卡（Beatrice Oshika）、弗兰克·斯特奇（Frank Stech）。特别需要感谢的是玛格丽特·麦克唐纳（Margaret MacDonald），她笔锋犀利，不仅使原稿的逻辑更为顺畅，而且剔除了其中的一些谬误和含糊不清的地方。

我非常感谢"群体大脑"科研项目的同事，尤其是联合首席研究员斯蒂芬·科斯林。还有安妮塔·伍利，她为我们提供了卓越的科学指导。同时要感谢参与本书讨论的"群体大脑"科研项目的其他人员，他们包括肖恩·贝内特（Sean Bennett）、希瑟·卡鲁索、克里斯托弗·查布里斯、科林·菲舍尔、玛格丽特·格巴斯、托马斯·杰德（Thomas Jerde）、梅莉萨·利伯特（Melissa Liebert）和乔纳森·舒尔特（Jonathan Schuldt）。感谢美国国家科学基金会（NSF）为哈佛大学提供的第0106070号专项基金，以及美国中央情报局情报技术创新中心为"群体大脑"科研项目和本书的创作提供的部分帮助。

与同事马扎林·贝纳基（Mahzarin Banaji）、R. 巴斯卡（R. Bhaskar）、罗伯特·费恩（Robert Fein）、菲尔·海曼（Phil Heymann）、江素金（Sujin Jang，音译）、斯科特·斯努克（Scott Snook）和鲁思·韦格曼的交流，

以及在哈佛大学的非正式研讨会上与同事们的讨论，对于深化和扩展本书探讨的观点均发挥了巨大的作用。我同样十分感激戴夫·布希（Dave Bushy），他使我们立足现状，对航空团队进行了深入分析；感谢桑德·埃弗里特（Sanden Averett）和克里斯托弗·戴尔（Christopher Dial），即使是再不知名的研究报告他们都可以查询到，这着实让我意外；还要感谢那些远程为我们的原稿提供了建设性意见和建议的同事们，他们是林恩·伊登（Lynn Eden）、菲尔·米尔维斯（Phil Mirvis）、雷妮·泰南（Renee Tynan）、吉姆·怀尔德（Jim Wylde），以及其他几位匿名的评审人。

最后，我由衷地感谢我的家人——朱迪思、贝丝、特雷克斯、劳拉、马特、凯瑟琳、劳伦、爱德华和马托克斯，感谢他们的支持，他们在无意中向我提供了许多我最需要的东西。对此，我的感激之情无以言表。

# 未来，属于终身学习者

我们正在亲历前所未有的变革——互联网改变了信息传递的方式，指数级技术快速发展并颠覆商业世界，人工智能正在侵占越来越多的人类领地。

面对这些变化，我们需要问自己：未来需要什么样的人才？

答案是，成为终身学习者。终身学习意味着永不停歇地追求全面的知识结构、强大的逻辑思考能力和敏锐的感知力。这是一种能够在不断变化中随时重建、更新认知体系的能力。阅读，无疑是帮助我们提高这种能力的最佳途径。

在充满不确定性的时代，答案并不总是简单地出现在书本之中。"读万卷书"不仅要亲自阅读、广泛阅读，也需要我们深入探索好书的内部世界，让知识不再局限于书本之中。

## 湛庐阅读 App: 与最聪明的人共同进化

我们现在推出全新的湛庐阅读 App，它将成为您在书本之外，践行终身学习的场所。

- 不用考虑"读什么"。这里汇集了湛庐所有纸质书、电子书、有声书和各种阅读服务。
- 可以学习"怎么读"。我们提供包括课程、精读班和讲书在内的全方位阅读解决方案。
- 谁来领读？您能最先了解到作者、译者、专家等大咖的前沿洞见，他们是高质量思想的源泉。
- 与谁共读？您将加入优秀的读者和终身学习者的行列，他们对阅读和学习具有持久的热情和源源不断的动力。

在湛庐阅读 App 首页，编辑为您精选了经典书目和优质音视频内容，每天早、中、晚更新，满足您不间断的阅读需求。

【特别专题】【主题书单】【人物特写】等原创专栏，提供专业、深度的解读和选书参考，回应社会议题，是您了解湛庐近千位重要作者思想的独家渠道。

在每本图书的详情页，您将通过深度导读栏目【专家视点】【深度访谈】和【书评】读懂、读透一本好书。

通过这个不设限的学习平台，您在任何时间、任何地点都能获得有价值的思想，并通过阅读实现终身学习。我们邀您共建一个与最聪明的人共同进化的社区，使其成为先进思想交汇的聚集地，这正是我们的使命和价值所在。

# CHEERS

## 湛庐阅读 App
## 使用指南

**读什么**
- 纸质书
- 电子书
- 有声书

**怎么读**
- 课程
- 精读班
- 讲书
- 测一测
- 参考文献
- 图片资料

**与谁共读**
- 主题书单
- 特别专题
- 人物特写
- 日更专栏
- 编辑推荐

**谁来领读**
- 专家视点
- 深度访谈
- 书评
- 精彩视频

HERE COMES EVERYBODY

下载湛庐阅读 App
一站获取阅读服务

Collaborative Intelligence by J. Richard Hackman

Copyright © 2011 by J. Richard Hackman.

Copyright licensed by Berrett-Koehler Publishers.

Arranged with Andrew Nurnberg Associates International Limited.

All Rights Reserved.

本书中文简体字版经授权在中华人民共和国境内独家出版发行。未经出版者书面许可，不得以任何方式抄袭、复制或节录本书中的任何部分。

**版权所有，侵权必究。**

### 图书在版编目（CIP）数据

真团队 /（美）理查德·哈克曼（J. Richard Hackman）著；关苏哲，高北译. -- 杭州：浙江教育出版社，2024.3

ISBN 978-7-5722-7428-2

Ⅰ.①真… Ⅱ.①理… ②关… ③高… Ⅲ.①团队管理 Ⅳ.① C936

中国国家版本馆 CIP 数据核字（2024）第 020721 号

浙江省版权局
著作权合同登记号
图字：11-2022-248号

**上架指导：企业管理**

**版权所有，侵权必究**
本书法律顾问　北京市盈科律师事务所　崔爽律师

## 真团队
### ZHEN TUANDUI

[美] 理查德·哈克曼（J.Richard Hackman）　著
关苏哲　高北　译

| | |
|---|---|
| **责任编辑：** | 胡凯莉 |
| **美术编辑：** | 韩　波 |
| **责任校对：** | 陈　煜 |
| **责任印务：** | 陈　沁 |
| **封面设计：** | ablackcover.com |
| 出版发行 | 浙江教育出版社（杭州市天目山路40号） |
| 印　　刷 | 唐山富达印务有限公司 |
| 开　　本 | 710mm×965mm 1/16 |
| 印　　张 | 17 |
| 字　　数 | 235千字 |
| 版　　次 | 2024年3月第1版 |
| 印　　次 | 2024年3月第1次印刷 |
| 书　　号 | ISBN 978-7-5722-7428-2 |
| 定　　价 | 99.90元 |

如发现印装质量问题，影响阅读，请致电010-56676359联系调换。